KB175492

저성과자로
고민하는
팀장에게

리더의 —— 성과 관리 —— 방법론

저성과자로 고민하는

김성락 지음

팀장에게

조직 운영 현장에서 바로 적용 가능한 매뉴얼

plan b DESIGN

지속적인 성과와 성장을
지원하려는 리더에게

리더의 일상은 도전의 연속입니다.

구성원들과 함께 조직에서 의미 있는 성과를 만들어내기 위해 조직의 방향성을 수립하여 제시하고, 목표를 달성하기 위해 구성원들에게 동기부여를 하는 한편, 새로운 형태의 도전과 변화에 기민하게 대응하며 하루하루를 치열하게 보내는 것이 리더들의 흔한 모습일 것입니다.

리더들이 평범한 일상인 것처럼 대단한 일을 해내고 있는 모습을 보면 참 멋지고 대단해 보이지만, 실제 그 속을 들여다보면 그 과정이 결코 녹록지만은 않습니다.

불확실한 경영 환경 속에서 과연 어떤 방향, 어떤 의사결정이 옳은 것인지 막막할 때가 한두 번이 아니고, 어떤 일을 둘러싼 입장이나 요구들은 얼기설기 엮여 있어 그것을 조정하는 데만 엄청난 에너지가 소모됩니다.

그뿐이겠습니까?

수도 없이 쏟아지는 방대하고 복잡한 정보를 분석하여 적절한 대응 전략을 세우고, 구성원들이 몰입하며 계획한 것을 효과적으로 실행할 수 있게 각종 환경과 구조, 절차 등을 고민하는 것도 오롯이 리더의 책임입니다.

이처럼 현실의 어려움을 단순하게 나열만 해도 그 양이 엄청나고, 각각이 갖는 어려움의 정도가 비교할 수 없을 지경입니다. 하지만 만약 저에게 리더가 겪는 다양한 어려움 중 가장 큰 난관을 한 가지 꼽으라고 한다면 저는 주저 없이 팀 내 성과가 좋지 않은 구성원의 성과를 어떻게 높일 것인가, 즉 '저성과자 문제[issue]'를 꼽을 것입니다. 왜냐하면 성과가 낮은 팀원의 문제는 결코 개인의 문제에만 국한되지 않기 때문입니다.

당신이라면 고성과자 3명, 저성과자 2명으로 구성된 팀과 고성과자 1명, 평범한 성과자 4명으로 구성된 팀 중 하나를 선택하라고 한다면 어떤 팀을 선택할 것입니까?

저는 주저없이 고성과자 1명과 평범한 성과자 4명으로 구성된 팀을 선택할 것입니다.

고성과자, 평범한 성과자, 저성과자의 인원 수에 따라 선택이 일부 조정될 것 같다고 생각하는 분들도 계실 것입니다. 하지만 기본적으로 저성과자가 1명이라도 존재하는 경우 리더가 매우 신중해질 수밖에 없다는 점은 조직 운영의 냉혹한 현실입니다.

여기에는 여러 가지 이유가 있지만 대표적으로 저성과자는 기존 구성원들에게 건전한 자극을 주기보다 기존 구성원들이 현실에 안주하기 좋은 환경을 만들기 십상이기 때문입니다. 뿐만 아니라, 리더 스스로도 팀이 탁월한 성과를 지속적으로 창출하는 것에 집중하기보다는 치명적인 문제가 조직에 발생하지 않도록 저성과자의 문제 발생 여부에 에너지를 쏟게 되는 비효율의 늪에 빠지게 됩니다.

그리고 이러한 과정을 거치다 보면, 대부분의 리더는 저성과자에게 중요하지 않은 (문제가 발생하더라도 치명적인 문제가 되지 않는) 과업들을 할당assignment하게 되고, 그 결과 자연스럽게 나머지 구성원들에게 난이도와 규모가 큰 업무들이 몰리며 과부하가 발생하게 될 확률이 매우 커집니다.

게다가 이는 저성과자의 성과를 개선하고 변화를 촉진하는 접근이기보다, 저성과자의 부정적 모습을 더욱 강화하는 결과로 이어질 수 있습니다. 저성과자에게 조직 내에서 중요하지 않은 과업만 할당되다 보니 당사자는 과업 전반에 대한 열의와 몰입도를 갖기 더욱 어려워지고, 그로 인해 업무의 낮은 품질, 일정 지연 등이 발생할 확률은 더 커진다는 의미입니다.

조직은 이런 과정을 반복하면서 팀 전체의 업무 성과^{performance}가 저하되는 상황에 처하게 됩니다. 그래서 저는 주저없이 리더가 겪는 가장 큰 난관으로 저성과자 문제를 꼽습니다.

저성과자 문제는 리더와 리더의 조직 운영에 부정적 영향을 끼치기 때문에 어떻게 저성과자를 관리하고 지원하여 그들이 변화하고 성장할 수 있게 만들 것인지에 대해 깊이 고민해볼 가치가 충분히 있습니다.

조직 운영 현장에서 저성과자 문제로 골치 아픈 경험을 하고 있는 리더를 만나보면, "어떻게 저 사람을 우리 조직에서 빨리 내보낼 수 있을지 고민이 된다"라는 식으로 극단의 정서를 갖는 경우도 있습니다. 그리고 무엇이라도 시도해보고 싶은데 어디서부터 무엇을, 어떻게 해야 해결될지 막막하다는 답답함을 토로하는 경우도 있습니다.

사실 저성과 문제는 저성과자를 조직 밖으로 내보내거나, 저성과자의 성과를 개선해보고자 노력하는 두 가지 접근방식 모두 타당합니다(이 두 가지 말고는 다른 방법이 없기도 합니다).

다만, 이 방식을 세분화하여 좀 더 정교하게 전략적으로 접근한다면, 저성과자와 관련된 문제를 조금이나마 더 효과적으로 해결할 수 있다는 사실을 현장의 많은 리더가 놓치고 있습니다.

그래서 이 책에서는 저성과자 문제로 고민하고 있는 리더들이 저성과자 문제를 보다 전략적이고 효과적으로 접근하기 위한 방법론들을 조직 현장에서 적용 가능한 매뉴얼 형태로 제시합니다.

성과의 핵심 동인인 '능력'과 '동기'를 바탕으로 이루어지는 저성과 상태 진단, 능력 향상을 위한 리더의 5단계 접근법approach, 저성과자의 동기부여, 저성과자의 성과 향상을 위한 피드백과 성과 향상 계획 등이 포함되어 있습니다.

이런 방법으로 저성과자를 단번에 변화시킬 수 없을지도 모릅니다. 아마도 한 번에 변하지는 않는다는 것이 보다 현실적이고 솔직한 이야기일 것입니다.

그러나 적어도 이 책에 나와 있는 내용을 리더가 제대로 이해하고 조직 운영 현장에 적용한다면, 리더가 저성과자로 인해 겪는 심리적 막막함과 조직 운영 현장에서의 부정적 모습을 줄일 수 있다는 것만큼은 확신할 수 있습니다.

이 책에서 제시하는 내용으로 단번에 모든 문제를 해결하지는 못하겠지만, 적어도 당신이 맡고 있는 팀이 지속적인 성과와 성장을 이루기 위한 기반을 조성하는 데 조금이나마 의미 있게 활용될 수 있기를 진심으로 바랍니다.

저성과자로 인한 어려움을 최소화하고 조직의 부정적인 영향을 줄일 수 있기를 바라며, 이제 본격적으로 시작해보겠습니다.

차례

1장

'성과'에 대한 오해와 진실

이번 장에서는 성과에 대해 갖고 있는 기존의 생각들을 살펴보며 '성과'의 개념을 명확하게 이해해보도록 하겠습니다.

성과는 실적, 산출물, 결과물 등으로 구분하여 이해할 필요가 있습니다. 의외로 많은 리더가 '성과'를 과업 수행 과정에서 만들어지는 실적, 산출물, 결과물 등과 동의어로 이해하여 성과가 갖는 고유한 개념과 특성을 구분하지 못하는 경우가 많습니다.

성과를 판단하는 과정을 간략하게 요약하면 다음과 같습니다.

[그림 1] 성과를 판단하는 과정

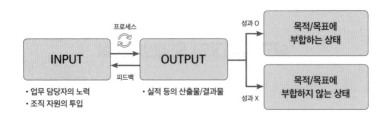

구성원은 주어진 목적, 목표를 달성하기 위해 노력과 자원을 투입합니다. 그 활동의 결과로 실적 등의 산출물이 조직 내에 만들어지고, 리더는 해당 산출물이 조직에서 의도했던 목적이나 목표에 비추어 봤을 때 의미 있는 영향을 미쳤는지 여부를 판단하게 됩니다.

만약 산출물이 의도한 목적, 목표에 부합하는 영향을 미쳤다면 '성과'로 판단될 것이고, 목적이나 목표에 부합하지 않는 산출물이라면 '성과'로 인정받기 어려울 것입니다.

간단한 예를 통해 구체적으로 살펴보겠습니다.

영업 담당자 김길동 대리가 고객 유치를 위해 SNS를 활용한 홍보 활동을 기획했습니다. 김길동 대리는 실력 있는 전문 스튜디오 확보를 위해 본인의 저녁 시간을 할애하면서까지 업체 풀Pool을 조사했고, 개인의 인맥을 동원하며 SNS 홍보 전문가와의 협력을 끌어냈습니다. 김길동 대리는 치열하게 노력하여 전문 스튜디오를 통해 고품질의 홍보 영상을 제작했고, SNS 홍보 전문가를 통해 광고 홍보 활동을 수행할 수 있게 되었습니다.

그 결과, 김길동 대리가 담당하고 있는 제품은 광고 전 대비 클릭 비율이 40% 증가했고 노출도도 50%가량 증대되었습니다.

이 사례에서 김길동 대리는 리더 입장에서 칭찬해주고 싶은 업무 태도를 가진 구성원임에는 틀림없습니다. 자신의 업무를 잘 수행하기 위해 누구보다 열정적으로 임했기 때문입니다.

하지만 김길동 대리가 기울인 노력의 결과가 '성과'인지 여부는 다른 문제입니다.

만약 김길동 대리가 자신의 팀장과 성과평가 면담을 한다면 본인의 주요 활동Key Activity, Input으로 'SNS를 활용한 홍보 활동 기획', '전문 스튜디오 풀Pool 조사', 'SNS 홍보 전문가와의 관계 구축', '고품질 홍보 영상 제작', '홍보 전문가를 통한 광고 활동' 등을 작성할 것이고, '제품 클릭 비율 40% 증가', '제품 노출도 50% 증가' 등의 실적을 성과로 주장할 것입니다.

이 모습은 현업의 리더들이 매우 흔하게 경험하는 장면일 것입니다.

그만큼 많은 실무자가 자신이 담당하고 있는 과업에서 어떤 지표나 수치 등이 상승하거나 증가하면 그것을 '성과'로 오해하는 경우가 많다는 의미입니다.

우리가 '성과'에 대한 개념을 보다 명확하게 이해하고 있다면 이 사례에서 언급되고 있는 아웃풋이 '성과'인지 여부에 대한 판단은 보류하는 것이 바람직합니다. 왜냐하면 조직에서 의도하고 있는 목적이나 목표에 기반해서 이 아웃풋이 '성과'에 해당하는지 여부를 판단할 수 있기 때문입니다.

만약, 김길동 대리가 속한 본부의 목표가 '가망고객 중심의 접근을 통한 이익률 극대화'라면, 이 실적(제품 클릭 비율 40% 증가, 제품 노출도 50% 증대)을 성과로 판단하기 애매할 것입니다.

제품 클릭 비율 40% 증가 중 가망고객에 대한 광고 도달 비율이 어느 정도 비중을 차지하고 있는지 확인할 수 없습니다. 그리고 고품질 영상 제작과 SNS 홍보 전문가 활용은 투입되는 비용수준이 높기 때문에 이익률 극대화라는 목표에 부합하는 활동으로 보기 어렵습니다.

만약, 같은 과업에 대해 김철수 대리가 SNS에서 저비용 B급 위주의 홍보 활동을 기획하고, 신인 유튜버와의 협업을 통해 타깃 집단 위주로 노출 채널을 다변화하는 활동을 수행했다고 가정해봅시다. 이 활동을 통해 제품 홍보 효율이 40% 개선되고, 가

[그림 2] 전략 목표

본부 2023년 전략 목표

가망고객 중심
접근을 통한 이익률 극대화

제품 클릭 비율
40% 증가

타깃 집단 제품 인지도
50% 증대

제품 노출도
50% 증가

홍보 효율
40% 개선

· 프리미엄 영상 제작
· 광고 전문가를 통한 광고

· 저비용 B급 SNS 홍보 영상 제작
· 신인 유튜버와의 협업

망고객인 타깃 집단의 제품 인지도가 50% 증대되었다면, 김철수 대리의 실적은 김길동 대리가 만들어낸 실적보다 '성과'로 평가될 확률이 더 높을 것입니다.

이처럼 성과는 단순히 실적, 결과물 등의 수치나 지표가 상승했다는 것 자체를 의미하지 않습니다. '성과'는 조직에서 의도한 목적과 목표를 기준으로 산출물이 그 의도를 달성하는 데 있어 효과적이었는지 여부를 따져보고, 그것에 부합할 때 비로소 '성과'로 판단할 수 있습니다.

그럼 성과에 대한 개념을 정확하게 이해하는 것이 저성과자 관리에 어떤 도움이 되는지 다음 장에서 살펴보겠습니다.

핵심 요약

'성과'에 대한 오해	'성과'에 대한 진실
성과는 실적, 산출물, 결과물 등과 비슷한 개념과 의미로 이해할 수 있습니다.	성과는 실적, 산출물, 결과물 등과 엄연히 구분됩니다.
기존 대비 지표나 수치가 상승했다면 그것은 반드시 '성과'로 인정해야 합니다.	조직이 갖고 있는 목적이나 목표에 비춰 '성과'인지 여부를 판단합니다.

2장

'성과'에 대한 이해, 저성과자 관리에 어떤 도움이 되나요?

리더가 '성과' 개념을 명확하게 이해하고 있으면 저성과자 관리 측면에서 어떤 이점을 얻을 수 있을까요?

'성과' 개념을 명확하게 이해하고 조직 운영 현장에 적용함으로써 리더는 '성과 식별', '저성과에 대한 구체적인 내용의 이해와 소통', '저성과 극복을 위한 변화 방향 도출 및 제시', '성과 중심 문화 조성' 등의 측면에서 의미를 가질 수 있습니다.

저성과에 대한 판단 기준 구축

성과에 대한 판단 기준을 갖고 있으면, 과업 결과물을 '성과'와 '단순 (노력의) 결과물'로 보다 명확하게 분류할 수 있다는 점이 가장 큰 이점입니다.

제 직업 특성상 현업의 리더들을 만나 뵙는 일이 많은데 적지 않은 리더분이 성과를 직관적으로 판단하고 있다는 느낌을 받을 때가 많았습니다.

해당 분야에서 전문성과 경험을 보유한 리더분의 판단은 절대적으로 존중받아야 하겠지만, 리더 스스로 '성과'의 본질을 명확하게 이해하며 그것을 판단하는 기준을 갖고 있는지 여부는 그 결이 조금 다를 수 있습니다.

성과에 대한 판단 기준 없이 리더 개인의 경험과 직관 중심으로만 성과 여부를 판단하면 구성원 입장에서는 그 내용이 모호하게 느껴집니다. 또 경우에 따라서는 상황과 입장에 따라 리더의 말이 달라진다고 느끼게 됩니다.

이는 곧 리더가 저성과와 관련하여 소통하는 내용의 구체성이나 객관성이 결여될 확률이 커진다는 의미입니다.

객관적 내용을 기반으로 소통의 효과성 강화

리더가 '성과'에 대한 개념과 판단 기준을 갖게 되면 저성과의 내용을 보다 구체적이고 객관적으로 제시할 수 있습니다.

저성과자로 인해 어려움을 겪고 있는 리더분들이 공통적으로 언급하는 어려움 중 하나가 당사자와 저성과 관련 내용을 소통하는 데 정서적으로 껄끄럽다는 점이었습니다. 그런데 이 정서적 불편함은 저성과와 관련하여 객관적이고 구체적인 내용을 리더가 갖고 있는지와 반비례합니다.

저성과 관련 교육을 진행하면서 리더들을 대상으로 저성과자와 면담할 때 저성과 상태에 대한 구체적이고 객관적인 내용을 알고 있는 정도에 따라 느끼는 정서적 불편함을 설문으로 진행했습니다. 구체적인 데이터Data는 이 책에 담지 않았지만, 피드백 내용의 구체성/객관성이 높을수록 리더 스스로 느끼는 정서적 불편함이 낮게 나타나는 경향성을 확인할 수 있었습니다.

[그림 3] **구체적/객관적 피드백과 정서적 불편함의 관계**

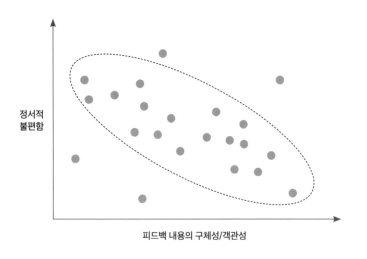

정서적
불편함

피드백 내용의 구체성/객관성

* 독자들에게 두 요소 간의 경향성을 개념적으로 설명하기 위해 임의로 재가공한 산점도입니다.

'성과'에 대한 명확한 개념과 판단 기준을 갖고 있다면 리더는 구성원의 현 상태에 대해 보다 구체적이고 객관적인 내용을 도출할 수 있습니다. 이는 당사자와 소통할 때 리더의 정서적 불편함을 줄여주는 것에도 어느 정도 효과가 있다는 점을 알 수 있습니다.

또한 구성원 입장에서도 자신의 상태에 대해 보다 객관적이고 구체적인 내용 중심으로 소통이 이루어지다 보니 저성과 상황 전반에 대해 이해하고 리더와 해결 방안을 논의하는 데 도움이 될 수 있습니다.

저성과 상태 극복을 위한 변화 방향 도출 및 제시

성과에 대한 판단 기준이 없을 때에 비해서 저성과 상태를 야기하는 구체적인 이슈가 보다 명확하게 드러나면, 저성과를 만들어내는 원인과 그 해결을 위한 노력 방향을 건설적으로 소통할 수 있습니다.

특히, '성과'에 대한 기준이 수립되어 있기 때문에 노력의 방향뿐만 아니라 '성과' 기준에 도달하기 위한 노력의 강도와 지속성, 효과적 개선을 위해 필요한 지원 사항 등을 구체적 활동에 기반하여 제시할 수 있습니다.

성과 중심 문화 조성

성과 개념의 명확한 이해와 판단 기준이 있는 조직은 상대적으로 성과 중심적 문화가 효과적으로 조성됩니다.

구성원들이 같은 과업을 수행하더라도 목적과 목표 지향적으로 접근하게 되고, 조직 내에서 소통하거나 의사결정을 할 때도 '성과'를 기준으로 자신의 일을 수행하는 문화가 조성되기 때문입니다.

이처럼 리더가 '성과'에 대한 개념과 판단 기준을 갖는 것은 저성과자 관리에 있어 매우 중요한 전제가 됩니다. 또한, 많은 리더분이 느끼겠지만, '성과'에 대한 개념과 판단 기준을 갖는 것은 저성과자 관리뿐만 아니라 일반 조직 관리, 성과 관리에도 필수적이라는 점을 공감할 것입니다.

그럼 이제 좀 더 구체적으로 '성과'를 구성하는 구체적인 함수가 무엇인지 살펴보겠습니다.

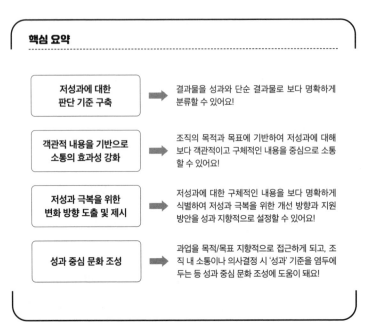

핵심 요약

저성과에 대한 판단 기준 구축	결과물을 성과와 단순 결과물로 보다 명확하게 분류할 수 있어요!
객관적 내용을 기반으로 소통의 효과성 강화	조직의 목적과 목표에 기반하여 저성과에 대해 보다 객관적이고 구체적인 내용을 중심으로 소통할 수 있어요!
저성과 극복을 위한 변화 방향 도출 및 제시	저성과에 대한 구체적인 내용을 보다 명확하게 식별하여 저성과 극복을 위한 개선 방향과 지원 방안을 성과 지향적으로 설정할 수 있어요!
성과 중심 문화 조성	과업을 목적/목표 지향적으로 접근하게 되고, 조직 내 소통이나 의사결정 시 '성과' 기준을 염두에 두는 등 성과 중심 문화 조성에 도움이 돼요!

3장

성과 = 능력 × 동기

성과의 개념과 정의 중심으로 살펴보았다면, 이제 성과를 구성하는 요소에 대해 살펴보겠습니다. 결론을 먼저 말씀드리면 성과는 능력과 동기의 함수입니다.

능력은 보통 주어진 과업을 수행하는 데 필요한 지식이나 기술 등을 의미합니다. 즉 과업 수행에 필요한 지식, 기술 등의 능력이 높으면 높을수록 그 개인은 과업을 보다 효과적으로 수행하며 목표를 달성할 확률이 높습니다.

동기는 목표 달성을 위해 개인이 드러내는 노력의 강도, 방향, 지속성의 정도를 의미합니다. 보다 쉽게 표현하면 개인이 목표를 달성하기 위해 스스로 갖는 의지력으로 생각할 수 있습니다.

능력과 마찬가지로 높은 동기를 가진 개인은 목표를 달성할 가능성이 큽니다.

다음 사례를 통해 능력과 동기가 성과를 만들어내는 핵심 요인이라는 점을 살펴보겠습니다.

Clean Life사는 생활용품을 주력 사업으로 하고 있습니다.

COVID-19 사태 이후 청결에 대한 민감도가 매우 높아진 시장 트렌드에 발맞추어 새로운 콘셉트의 상품을 기획해보기로 하였습니다.

경영진은 보다 경쟁력 있는 상품 기획을 위해 2개 프로젝트팀을 발족하여 상호 경쟁하는 방식으로 운영하기로 결정하였습니다.

동료들과 관계가 원만하고 평소 성실하기로 소문이 자자한 이성실 님이 A 프로젝트팀의 리더를 맡고 있습니다.

이성실 리더는 회사에서 신상품 기획 프로젝트팀이 발족된다는 소문이 있을 때부터 이 프로젝트에 큰 관심을 가지고 있었습니다. 이성실 리더는 올해 승진 대상자여서 이 프로젝트가 본인에게는 앞으로의 회사 생활을 좌우하는 이벤트가 될 것이라고 생각하고 있습니다. 그래서 프로젝트가 발족되기 전부터 틈틈이 시장 트렌드를 분석하며 아이디어를 정리하는 등 프로젝트 리더 역할 수행에 의욕이 매우 높은 상태입니다.

하지만 이성실 리더는 큰 규모의 프로젝트를 이끌어본 경험이 적다 보니, 상충되는 이슈가 발생하면 적기에 의사결정을 하지 못하고 있습니다. 게다가 껄끄럽더라도 프로젝트의 원활한 진행을 위해 유관부서에 명확하게 요구해야 하는 사항들이 있음에도 불구하고, 관계 중심으로 소통이 이루어지며 프로젝트팀에 필요한 지원을 충분히 끌어내지 못하고 있습니다.

이성실 리더의 이러한 문제가 개선되기는 커녕 계속 축적되며 프로젝트팀에서 계획한 마일스톤milestone조차 달성하지 못하고 있습니다.

어느 순간부터는 팀원들의 회의적인 시선이 높아지고 있습니다.

Q. 이성실 리더의 주도로 진행되는 A 프로젝트팀의 성과가 기대되나요?

B 프로젝트팀은 사내 최고의 전략가라고 불리는 김똑똑 님이 리더를 맡고 있습니다.

김똑똑 리더는 COVID-19 이후 시장에 제시하는 자사의 첫 신상품이 갖는 의미와 전략 방향에 대해 꾸준하게 분석하여 경영진에게 보고해왔습니다. 사실, 경영진이 이번에 전사적 역량을 모아 신상품을 기획하기로 결정한 과정에 김똑똑 리더의 역할과 영향력이 매우 컸습니다.

김똑똑 리더는 지금 이 과업이 전사적 차원에서 갖는 의미와 중요성을 누구보다 잘 이해하고 있고, 프로젝트를 둘러싼 경쟁 환경과 전략 방향에 대한 이해도도 매우 높습니다.

그러나 김똑똑 리더는 본인이 신상품 콘셉트까지 제안하는 프로젝트에 대해 큰 매력을 느끼지 못하고 있습니다. 최근에는 사석에서 가까운 동료에게 타 프로젝트팀과 경쟁적으로 과업을 수행해야 하는 구조에 대해 못마땅하다는 속내를 드러내기도 하였습니다.

이 때문인지 프로젝트팀 회의에서 깊이 검토하고 논의해야 할 과업들이 있음에도 실무자들이 알아서 결정하라는 방관자적인 입장도 보이는 등 팀원들의 우려가 깊은 상황입니다.

Q. 김똑똑 리더의 주도로 진행되는 B 프로젝트팀의 성과가 기대가 되나요?

이 두 가지 사례에서 여러분은 기대 성과를 어떻게 답변하셨나요? A 프로젝트팀의 이성실 리더는 동기가 매우 높지만 전사 차원의 중요 프로젝트를 리딩할 수 있는 능력 면에서 한계가 있습니다. B 프로젝트팀의 김똑똑 리더는 능력은 높지만 해당 프로젝트에 대한 동기가 매우 낮은 상태입니다.

아마 대부분의 독자가 두 프로젝트팀 모두에 대해 기대 성과를 부정적으로 응답했을 것입니다.

능력과 동기 두 가지 모두 성과에 영향을 미치는 핵심 요인입니다. 높은 능력과 높은 동기는 성과에 매우 긍정적인 영향을 미치지만, 능력이나 동기 중 하나라도 충족되지 못하면 성과에 부정적인 영향을 미치게 됩니다. 따라서 조직의 성과를 관리하는 리더는 능력과 동기가 상호작용하며 구성원의 성과에 영향을 미친다는 사실을 이해하고, 저성과 상태의 구성원이 어떤 요인으로 저성과 상태가 되었는지를 이해하는 것이 중요합니다.

이 내용을 2×2 매트릭스로 표현하면 다음과 같습니다.

[그림 4] 2×2 매트릭스

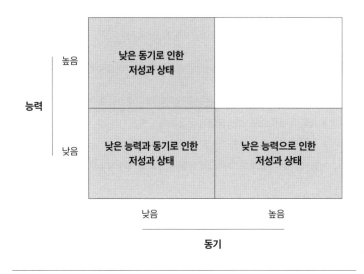

이처럼 구성원의 저성과 상태가 능력 부족으로 인한 것인지, 동기 부족으로 인한 것인지 두 개 요인(능력, 동기)으로 구분해서 접근하면, 각 요인의 특성에 기반하여 개선 활동을 실행할 수 있기 때문에 보다 효과적으로 저성과 상태를 관리할 수 있습니다.

다음 장에서는 영역별로 조직 운영 현장에서 관찰되는 특징과 함께 각 상태별 저성과의 모습을 좀 더 구체적으로 살펴보겠습니다.

핵심 요약

1. 성과(Performance) = 능력(Ability) × 동기(Motivation)

2. 능력과 동기 중 하나라도 결여되면 성과 수준은 낮아질 수밖에 없습니다.

3. 리더는 저성과 상태에 대한 원인을 정확하게 이해하고 있어야 합니다.
   ▸ 능력의 부족으로 인한 저성과 상태(능력 ↓, 동기 ↑)
   ▸ 동기의 부족으로 인한 저성과 상태(능력 ↑, 동기 ↓)
   ▸ 능력과 동기 모두의 부족으로 인한 저성과 상태(능력 ↓, 동기 ↓)

4장

현장에서 관찰되는
저성과 상태의 구체적 모습

앞서 능력과 동기라는 두 가지 요소를 바탕으로 저성과 상태를 구분해보았습니다. 이를 보다 쉽게 개념화하기 위해 능력×동기 매트릭스의 각 영역을 독수리의 상태에 빗대어 보았습니다(그림 5).

많고 많은 동물 중에 맹금류로 분류되는 독수리에 빗댄 이유는 어떤 원인에 의해 현재는 저성과 상태로 분류하지만, 그 원인을 잘 파악하여 해결하면 언제든지 다시 하늘을 멋지게 나는 독수리가 될 수 있다는 가능성을 강조하고 싶었기 때문입니다.

그럼 조직 운영 현장에서 관찰되는 특징을 영역별로 구체적으로 살펴보겠습니다.

[그림 5] 능력 × 동기 매트릭스의 각 영역 특징

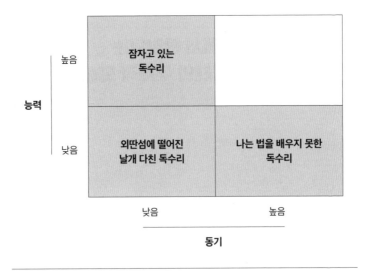

잠자고 있는 독수리

'잠자고 있는 독수리'는 능력은 높으나 동기가 낮은 모습입니다. 빠르게 날아가 사냥을 할 수 있음에도 불구하고 전혀 움직일 생각이 없습니다. 조용히 웅크린 채 잠만 자고 있는 독수리의 모습이 상상되시나요?

언제든지 마음만 먹으면 출중한 사냥 실력을 보여줄 수 있는 '잠자는 독수리'를 '어떻게 저성과의 한 유형으로 분류할 수 있을

까'라는 의문이 드는 분들도 있을 것입니다.

그 이유는 우리가 평소에 저성과를 '능력'과 연관 지어 생각하는 경향이 강하기 때문일 것입니다. 하지만 앞장에서 김똑똑 리더의 사례를 통해 '동기'가 성과에 미치는 영향을 살펴보았듯이, '능력'이 아무리 출중하더라도 '동기'가 낮은 상태는 분명한 저성과 상태가 맞습니다.

능력이 높더라도 동기가 낮은 상태가 업무 현장에서 보이는 구체적인 모습을 살펴볼까요?

- 과업의 기본 품질이 낮고, 납기 기연이 빈번하다.
- 실행하기도 전에 안되는 이유를 언급한다.
- 냉소적인 태도가 잦게 나타난다.
- 동료나 유관부서에 대해 협조적이지 않다.
- 주변 상황에 대해 인식 정도가 매우 낮다(무관심해서 정보가 없는 수준).
- 담당하고 있는 과업에서 작은 단위의 변화조차 관찰되지 않는다(딱 시킨 것만 한다).
- 팀 차원의 과업을 지원하지 않는다.
- 일에 대해 의견, 아이디어를 내지 않는다(침묵, 방관, 무관심).

'잠자고 있는 독수리' 유형의 구체적 모습을 살펴보면 과업을 잘 수행해보겠다는 의지나 새로운 과업에 대한 도전 욕구가 매우 낮습니다.

그렇다 보니 자신이 담당하는 업무 영역에서 작은 단위의 변화조차도 관찰되지 않는 경우가 많고, 하고 있는 업무에 있어서도 낮은 품질, 납기 지연, 비협조, 냉소적 태도 등이 빈번하게 나타나게 됩니다.

기본적으로 이 유형은 할 수 있는 능력이 있음에도 불구하고, 조직에서 심각한 문제가 되지 않을 정도로 교묘하게 안전 지향적인 모습을 보입니다.

모든 저성과 유형이 현업 조직장 입장에서 골치 아프지만, 이 유형은 조직장 입장에서 매우 얄밉게(?) 느껴지겠죠?

그럼 다음 유형을 살펴보겠습니다.

나는 법을 배우지 못한 독수리

날고 싶습니다. 다른 독수리들처럼 비상해서 멋지게 사냥하는 날이 본인에게도 올 수 있기를 간절하게 꿈꿉니다. 하지만 현실은 어떻게 날갯짓을 해야 하는지조차 모릅니다. 둥지를 벗어나지 못하는 독수리의 모습이 상상되시나요?

이 영역은 높은 동기에도 불구하고 부족한 업무 지식과 기술 등으로 인해 과업을 원활하게 수행하지 못하는 상태입니다.

현업에서 관찰되는 구체적 모습은 다음과 같습니다.

- 과업의 기본 품질이 낮고, 납기 기연이 빈번하다.
- 과업을 둘러싼 기초적인 분석을 하지 못한다(목표, 주요 이슈, 이해관계자 등).
- 할 수 있다는 의지만 드러낸다.
- 논의 시 현실성 없는 의견, 아이디어를 내는 경우가 많다.
- 담당 과업에서 여러 노력과 변화를 시도하는데 결과물이 일정치 못하거나 없다.
- 어떤 부분에서 자신의 능력을 개발해야 하는지 알지 못한다.
- 본인의 업무가 월활하지 못한 상태임에도 주변의 업무에까지 의지, 관심 등을 드러낸다.
- 동료들이 함께 일하기를 꺼리는 경향이 있다.

이 유형은 동기가 높다 보니 무엇이든 도전해보고자 하는 의욕은 강합니다. 그러나 높은 의지를 실현할 만한 능력이 갖추어져 있지 않다 보니 과업에 현실성 없이 접근하거나 기초적인 업무 분석이 미비하여 동료들이 함께 일하기 꺼리게 됩니다.

그래도 하고자 하는 의지가 강해 열심히 노력하는 경향이 강합니다. 하지만 문제는 노력의 방향이 엉뚱하거나 그 노력이 업무 성과 개선에 효과적이지 못한 경우가 많아 지켜보고 있는 리더의 마음을 짠하게 만듭니다.

잠자는 독수리 유형이 조직장 입장에서 얄미운(?) 존재였다면, 나는 법을 배우지 못한 독수리 유형은 고구마 하나를 통째로 삼킨 것 같은 답답함(?)을 낳는 존재로 느껴질 것입니다.

외딴섬에 떨어진 날개 다친 독수리

날 수도 없고, 외딴 섬에서 어떻게 살아남아야 할지 막막합니다. 살아남아야 할 것 같아 바닥에 있는 벌레라도 쪼아 먹으며 연명은 하고 있는데 앞이 캄캄합니다. 외딴섬에서 언제까지 살아남을 수 있을지, 다친 날개로 어떻게 살아가야 할지 막막한 독수리의 모습이 상상되시나요?

이 영역은 업무 능력도 낮고, 동기도 부족한 상태입니다.

저성과자로 고민하는 팀장에게

앞서 살펴본 2개 유형에서 나타난 부정적인 부분이 더욱 부각
되거나 동시에 나타나게 되는데, 몇 가지 모습을 살펴보면 다음
과 같습니다.

- 과업의 기본 품질이 낮고, 납기 기연이 빈번하다.
- 과업을 둘러싼 기초적인 분석을 하지 못한다(목표, 주요 이슈, 이해관계
  자 등).
- 무엇인가를 하고자 하는 의지가 없다.
- 주변 상황에 대해 인식 정도가 매우 낮다(정보가 없는 수준).
- 담당하고 있는 과업에서 작은 단위의 변화조차 관찰되지 않는다(시킨
  것도 못한다).
- 어떤 부분에서 자신의 능력을 개발해야 하는지 알지 못한다.
- 노력과 변화를 시도하지 않는다.
- 동료, 유관부서에 대해 협조적이지 않다.
- 시킨 일 외에 업무를 자원하지 않는다.
- 일에 대해 의견, 아이디어를 내지 않는다(침묵, 방관, 무관심).

이 영역의 유형은 좌절, 무기력 등의 상태에 빠져 있어 자신의
역량을 개선하려는 의지, 노력을 찾아보기 힘들고 업무에 관심조

차 없는 경우가 많습니다.

본인이 무엇을 해야 하는지, 목표가 무엇인지를 인지하지 못한 상태에서 일을 하다 보니 과업 전반에 걸쳐 문제가 발생합니다. 또한 변화하려는 의지도 없다 보니 동료나 유관부서 등과의 갈등이나 조직문화 훼손 등 회사 생활 전반에서 문제가 발생합니다. 그리고 이러한 모습이 일정 기간 이상 방치되었다면 조직 내에서 그림자처럼 있는 듯 없는 듯 조용히 지내며 동료들과 잘 어울리지 못하는 모습으로 남아 있을 확률이 높습니다.

현업 조직장 입장에서는 얄미움과 답답함을 넘어 막막함을 낳는 존재이지 않을까 싶습니다.

다음 장에서는 지금까지 살펴본 내용들을 바탕으로 현업 조직장들이 조직의 구성원들이 저성과 상태인지 여부를 점검하고 확인할 수 있는 진단 시트를 살펴보고, 어떻게 활용할 수 있을지 논의해보겠습니다.

저성과자로 고민하는 팀장에게

1. 업무 현장에서 나타나는 모습을 통해, 저성과 상태를 유발하는 원인이 무엇인지 가늠해볼 수 있습니다.

   (Because of)
   ▸ 동기 부족: 할 수 있는데 적당한 선에서 냉소적인 태도로 업무 성과 저하를 만들어냄(얄미움).
   ▸ 능력 부족: 해보고자 하는 의지는 강한데, 효과적이지 못한 업무 수행으로 업무 성과 저하를 만들어냄(답답함).
   ▸ 둘 다 부족: 의지도 능력도 부족한데 그것을 개선할 의지도 없고 전반적으로 냉소적임(막막함).

5장

저성과 상태를 파악할 수 있는
방법은 없을까?

이번 장에서는 현업 조직장이 조직의 구성원이 저성과 상태인
지 여부를 파악하는 데 활용해볼 수 있는 진단 시트를 살펴보겠
습니다. 앞서 능력과 동기를 활용하여 저성과 상태에 대해 살펴
봤는데, 어떤 리더분은 이런 모습은 평범한 구성원들도 업무를
수행하는 과정에서 흔하게 보인다고 생각할 수도 있을 것입니다.

그렇다면 이쯤에서 한번 짚고 넘어가야 할 점은 저성과자와
저성과 상태가 어떻게 구분되어야 하는지에 대한 것입니다.

저성과자는 저성과 상태가 상당 기간 지속된 구성원으로 정의
할 수 있습니다. 즉 저성과자는 단번에 저성과자가 되는 것이 아
니라 조직에서 저성과 상태를 나타내며 상당한 기간 동안 쌓아

왔다는 의미인데요. 그래서 리더는 저성과 상태를 체계적으로 이해하고 있어야만 저성과 상태가 저성과자로 이어지지 않게 대응할 수 있습니다.

그럼 저성과자에 대한 판단과 전략적 접근을 위해 저성과 상태 여부를 파악할 수 있는 진단지를 살펴보겠습니다(표 1). 이 진단지는 능력 부족과 동기 부족 두 가지 영역에 해당하는 지표 indicator로 구성되어 있습니다.

저성과 상태가 우려되는 구성원을 먼저 상상해보기 바랍니다. 그리고 그 구성원을 떠올리며 이 진단 시트에 있는 각 항목별로 점수를 기입해주세요.

진단 문항 중 1번, 4번, 5번, 9번, 10번, 13번, 15번, 17번 문항에 표시된 점수를 더하고 평균 점수를 산출해주세요. 예를 들어 이 문항들의 값이 5점, 4점, 3점, 4점, 5점, 2점, 3점, 3점인 경우 평균이 3.6점가량으로 나오게 됩니다(표 2).

다음으로 나머지 문항(2번, 3번, 6번, 7번, 8번, 11번, 12번, 14번, 16번, 18번)에 대해서도 점수를 기입하고 동일한 방식으로 평균값을 산출해주세요.

[표 1] 저성과 상태를 파악하는 진단지

매우 그렇지 않다 ① / 그렇지 않다 ② / 보통이다 ③ / 그렇다 ④ / 매우 그렇다 ⑤

NO	Indicator	①	②	③	④	⑤
1	지시하지 않은 일은 수행하지 않는다.					
2	동료들이 함께 일하기를 꺼리는 경향이 있다.					
3	과업의 목적과 목표를 인식하지 못한다.					
4	팀, 동료, 유관부서 등에서 벌어지는 일에 관심이 없다. (정보 보유 수준이 낮다.)					
5	팀 프로젝트나 공동 업무 등에 대해 참여도가 낮다.					
6	과업을 둘러싼 기초적인 분석을 하지 못한다. (목표, 주요 이슈, 이해관계자 등)					
7	각 업무 단계별로 실무자로서 수행해야 하는 활동을 수행하지 않는다.					
8	어떤 부분에서 자신의 능력을 개발해야 하는지 알지 못한다.					
9	업무를 기존에 해왔던 방식으로만 수행하려고 한다. (수정 및 개선 의지가 없다.)					
10	냉소, 불만, 분노, 우울 등 부정적인 감정을 자주 표출한다.					
11	업무를 우선순위를 도출하지 못한다.					
12	업무의 절차(Process)를 이해하지 못한다.					
13	동료나 유관부서의 요청에 대해 비협력적이다.					
14	문제가 발생할 때 적절한 대응 방법을 스스로 찾지 못한다.					
15	문제가 생겼을 때 책임을 회피한다.					
16	논의 시 현실성 없는 의견, 아이디어를 낸다.					
17	문제가 발생하면 제도, 프로세스, 환경, 동료 등 그 원인을 외부로 돌린다.					
18	업무의 세부(Detail) 사항을 놓치는 경향이 있다.					

저성과자로 고민하는 팀장에게

[표 2] 저성과 상태를 파악하는 진단지 예시

매우 그렇지 않다 ① / 그렇지 않다 ② / 보통이다 ③ / 그렇다 ④ / 매우 그렇다 ⑤

NO	Indicator	①	②	③	④	⑤
1	지시하지 않은 일은 수행하지 않는다.					O
2	동료들이 함께 일하기를 꺼리는 경향이 있다.					
3	과업의 목적과 목표를 인식하지 못한다.					
4	팀, 동료, 유관부서 등에서 벌어지는 일에 관심이 없다. (정보 보유 수준이 낮다.)				O	
5	팀 프로젝트나 공동 업무 등에 대해 참여도가 낮다.			O		
6	과업을 둘러싼 기초적인 분석을 하지 못한다. (목표, 주요 이슈, 이해관계자 등)					
7	각 업무 단계 별로 실무자로서 수행해야 하는 활동을 수행하지 않는다.					
8	어떤 부분에서 자신의 능력을 개발해야 하는지 알지 못한다.					
9	업무를 기존에 해왔던 방식으로만 수행하려고 한다. (수정 및 개선 의지가 없다.)				O	
10	냉소, 불만, 분노, 우울 등 부정적인 감정을 자주 표출한다.					O
11	업무를 우선순위를 도출하지 못한다.					
12	업무의 절차(Process)를 이해하지 못한다.					
13	동료나 유관부서의 요청에 대해 비협력적이다.		O			
14	문제가 발생할 때 적절한 대응 방법을 스스로 찾지 못한다.					
15	문제가 생겼을 때 책임을 회피한다.			O		
16	논의 시 현실성 없는 의견, 아이디어를 낸다.					
17	문제가 발생하면 제도, 프로세스, 환경, 동료 등 그 원인을 외부로 돌린다.			O		
18	업무의 세부(Detail) 사항을 놓치는 경향이 있다.					

앞의 문항(1번, 4번, 5번, 9번, 10번, 13번, 15번, 17번)은 동기 영역에 해당하고, 뒤의 문항(2번, 3번, 6번, 7번, 8번, 11번, 12번, 14번, 16번, 18번)은 능력 영역에 해당합니다.

예를 들어 A 구성원은 동기 부족 영역의 점수 평균이 3.6점, 능력 부족 영역의 평균 점수가 2.4점이고, B 구성원은 동기 부족 영역의 점수가 1.3점, 능력 부족 영역의 점수가 4.3점이라고 가정해보겠습니다. 이를 앞서 살펴본 매트릭스에 위치시켜 보면 다음과 같습니다.

[그림 6] 능력과 동기로 파악한 저성과 상태

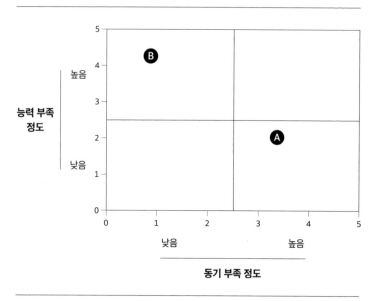

A 구성원은 잠자는 독수리, B 구성원은 나는 법을 배우지 못한 독수리에 해당하는 저성과 상태일 확률이 높습니다.

이 진단지를 통해 구성원의 저성과 상태를 모두 일반화할 수는 없습니다. 하지만 기본적으로 저성과 상태에 빠져 있다고 판단되는 구성원이 구체적으로 어떤 요인에 좀 더 영향을 받으며 저성과 상태를 나타내고 있는지에 대해 직관적으로 파악하는 데 유용하게 활용할 수 있습니다.

이를 통해 조직의 리더는 저성과 상태 유형을 고려하여 저성

[그림 7] 유형별 저성과 상태 극복을 위한 접근

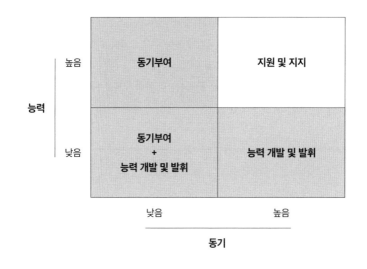

과 상태를 극복하기 위한 전략적 접근을 시도할 수 있는데요. 예를 들면 A 구성원은 동기부여 중심으로, B 구성원은 능력 개발 및 발휘 중심으로 접근이 이루어져야 할 것입니다.

그럼 각 영역별로 리더가 구체적으로 어떤 활동을 수행해야 하는지에 대해 다음 장에서 살펴보겠습니다.

핵심 요약

1. 저성과자는 저성과 상태가 일정 기간 동안 지속, 축적되어 온 결과입니다.
2. 저성과 상태를 체계적이고 명확하게 이해해야 저성과 상태가 저성과자로 이어지는 상황을 예방하고 대응할 수 있습니다.
3. 저성과 상태 진단지를 통해 동기와 능력의 각 요인별 수준을 측정하여 저성과의 구체적 상태를 확인할 수 있습니다.
4. 저성과의 구체적 상태 진단을 통해 저성과 상태 극복을 위한 전략적 접근 방향을 도출할 수 있습니다.

6장

능력 향상을 위한
리더의 5단계 접근법

저성과 상태를 극복하기 위해서는 당사자의 수용도와 개선 의지가 매우 중요합니다. 저성과 상태에 있는 구성원은 리더가 취하는 단계적 조치에 대해 본인의 가능성을 믿고 지원하는 활동으로 인지할 수 있어야 하는데요.

그럼 저성과 상태 구성원과 이러한 신뢰를 형성하기 위해 리더가 고려해야 할 사항은 무엇일까요?

이 지점에서 강조하고 싶은 사항은 '사람은 급격한 변화를 요구받으면 저항하거나, 도망치거나, 움츠러드는 모습을 보이는 것이 일반적'이라는 점입니다. 때문에 리더의 변화 관리 활동은 순차적이고 점진적이어야 합니다.

3월 입춘이 되면, 여전히 겨울 같은 쌀쌀한 날씨 속에 봄이 오고 있다는 것을 조금씩 느낄 만한 날들이 왔다 갔다 하곤 합니다. 저성과 상태의 구성원에 대한 접근도 입춘과 같은 모습이어야 합니다. 쌀쌀한 날씨에 그동안 꽁꽁 싸매어 입고 있던 두터운 외투를 여전히 입을 수 있게 하되, 조금씩 스스로 그 두터운 외투를 벗게 만드는 식으로 접근해야 한다는 의미입니다.

순차적이고 점진적으로 능력 향상을 접근하는 구체적인 모습은 무엇일까요?

[그림 8] 능력 향상을 위한 순차적이고 점진적인 접근법

[그림 8]과 같이 '과업 유지 → 과업 조정 → 조직 조정'의 순으로 접근해야 합니다.

- **과업 유지 단계**: 과업을 수행하는 데 있어 저성과 상태에 있는 구성원이 부족하다고 느끼는 자원(조직 차원의 시스템, 프로세스, 문화 등도 포함)을 지원하고, 필요한 지식, 기술 등에 대해 업스킬링Upskilling(능력 향상) 측면의 교육 훈련을 제공하는 단계입니다.
- **과업 조정 단계**: 저성과 상태에 있는 구성원 개인의 특성에 보다 적합한 과업들로 과업 수행 범위나 과업 내용을 조정하는 단계입니다.
- **조직 조정 단계**: HR이나 조직 외부로 이동 조치하는 단계입니다.

각 단계 내에서도 저성과 상태 구성원의 능력이나 태도를 당장 문제 삼기보다는 구성원의 저성과 상태를 야기하는 각종 환경적 요소를 먼저 탐색하고, 개인의 능력 개발 차원에서 접근하는 것입니다.

이 과정이 보기에 따라 효과적이지 않아 보일 수 있으나 차근차근 단계를 밟아 능력 개발 활동을 수행하게 되면, 해당 구성원의 능력 개발 가능성이 커지게 됩니다.

그러나 불행하게도 그 결과가 기대만큼 되지 않더라도 리더가 충분한 활동을 수행했다는 점이 증명될 수 있기 때문에 HR 등의 조직에서 진행하는 '저성과자 – 성과 향상 프로그램PIP' 대상자로 선정하는 등 최악의 상황에서 보다 효과적으로 대응할 수 있다는 장점이 있습니다.

이 단계를 좀 더 정교하게 펼쳐보면 'Resupply → Retrain → Refit → Reassign → Release'의 5단계로 구성해볼 수 있는데요.

[표 3] 5단계 접근법

단계	활동 방향	재구성
과업 유지	환경적 원인 탐색 및 해결	Resupply
	개인적 원인 탐색 및 해결	Retrain
과업 조정	(팀 내) 담당 과업 조정	Refit
	(팀 외) 직무 조정	Reassign
조직 조정	HR 조직을 통한 직군 조정	
	기업 외부로의 이동	Release

현업 리더 입장에서는 Resupply, Retrain, Refit 단계가 리더 자체적으로 수행해볼 수 있는 활동이 가장 많고, Reassign 단계부터는 상위 조직장이나 HR 등의 도움을 받아 진행되어야 하는 영역입니다.

이 책은 현업 리더들이 조직 운영 과정에서 저성과 상태 극복을 위한 방법론 제시에 초점을 두고 있습니다. 따라서 앞의 3단계와 관련된 내용을 보다 중점적으로 기술하고, Reassign과 Release 관련 내용은 핵심적인 내용만 기술하는 점에 대해 양해를 부탁

드립니다.

그럼 각 단계별로 구체적인 내용을 살펴보겠습니다.

핵심 요약

1. 리더의 변화 관리 활동은 순차적이고 점진적으로 이루어져야 합니다.
2. 그 구체적인 방식은 '과업 유지 → 과업 조정 → 조직 조정'의 순입니다.
3. 각 단계 내에서도 저성과 상태를 야기하는 각종 환경적 요소를 먼저 탐색한 후 개인의 능력 개발 차원에서 접근해야 합니다.
4. 이 단계를 좀 더 정교하게 정리해보면, Resupply → Retrain → Refit → Reassign → Release의 5단계로 구성됩니다.

7장

1단계 과업 유지 단계: Resupply

저성과 상태 구성원의 능력 부족 문제를 해결하기 위해 리더가 가장 먼저 수행해야 하는 활동은 과업을 수행하는 데 있어 구성원이 부족하다고 느끼는 자원을 확인하여 지원하는 활동입니다.

이연복 셰프가 해외 학교에서 학생들을 대상으로 급식(한식)을 만들어 제공하는 예능 프로그램(한국인의 식판)을 재미있게 봤던 기억이 있는데요. 이연복 셰프는 급식 전날, 급식소 담당 매니저와 식자재 구매에 대해 상의하고 요청했는데요.

이연복 셰프가 요청한 식자재는 갈비와 뼈가 없는 닭다리살 100인분이었습니다. 그런데 급식 당일에 어른 손바닥만 한 크기의 갈비, 비린내 나는 고기, 뼈가 있는 닭다리가 식재료로 배달되어 당황하는 모습을 보였습니다.

이연복 셰프팀은 그 급한 와중에 갈비를 데쳐내고, 닭고기 뼈를 발라내는 작업을 허겁지겁 겨우 해냈고, 이연복 셰프답게 식재료로 인해 발생한 문제를 효과적으로 대처하는 것으로 훈훈하게 마무리되었는데요.

만약 그 상황에 이연복 셰프가 아닌 초보 셰프가 그 자리에 있었다면 어땠을까요? 본인 입장에서는 그나마 가장 잘 만들 수 있는 메뉴를 골랐을 것인데, 기대했던 것과 다른 재료가 제공되는 순간 그날의 급식을 성공시키기는 매우 어려웠을 것입니다.

예능 프로그램의 한 상황을 비유해서 설명했는데, Resupply 단계는 구성원 개인이 가지고 있는 지식이나 스킬의 부족함이 없다는 전제에서 접근되어야 합니다. 즉 리더는 해당 구성원은 과업을 수행하는 데 필요한 능력을 보유하고 있지만, '자원'이 부족하거나 그것을 활용하는 데 문제가 있어 능력이 발휘되지 않는다는 믿음을 가져야 한다는 의미입니다.

이를 고려하여 Resupply 단계에서 리더가 수행해야 하는 핵심 활동으로 3가지를 제안합니다.

첫째, 부족한 자원을 확인하고, 우선순위를 고려하여 지원해야
　　합니다.
둘째, 업무 프로세스^{Process}에 대한 이해와 활용 수준을 점검하
　　고 보완해야 합니다.
셋째, 자원 공유와 협력적 문화가 조성되어 있는지 확인하고
　　촉진해야 합니다.

활동 1. 부족한 자원의 확인과 우선순위를 고려한 지원

　저성과 상태에 있는 구성원이 자신의 능력을 발휘함에 있어
부족한 자원이 무엇인지 리더가 확인하고 우선순위를 고려해서
필요 자원을 지원해야 합니다.

　리더는 저성과 상태의 구성원과 소통하기 전에 리더 스스로
당사자 입장이 되어 어떤 자원이 부족하다고 느낄 것인지를 가
늠해보는 것이 중요한데요.

　SNS 채널 마케팅을 담당하는 구성원을 가정해봅시다. 이 구성
원에게 필요한 자원은 어떤 것들이 있을까요?

　SNS 채널별로 홍보를 진행할 수 있는 비즈니스 계정, 제작/편
집 도구, 콘텐츠 제작을 위한 IP, 담당자와의 네트워크 등을 떠올
려볼 수 있을 것입니다.

SNS 채널 마케팅 담당자의 필요 자원
SNS 채널별로 홍보를 진행할 수 있는 비즈니스 계정
그래픽 디자인용 소프트웨어
영상 편집 소프트웨어
콘텐츠 제작 시 활용 IP(이미지, 글꼴, 스토리, 브랜드 등)
SNS 채널별 담당자와의 네트워크

과업을 효과적으로 수행하기 위해 각 자원별로 필요한 적정 수준을 떠올려볼까요? 무제한 업로드가 가능한 프리미엄 등급의 비즈니스 계정, 외국어 AI 자막 제공이 가능한 영상 편집 프로그램, 유료 IP 구매 예산, 실무 논의와 협업을 원활하게 진행할 수 있는 관계 수준 등으로 정의해볼 수 있을 것입니다.

SNS 채널 마케팅 담당자의 필요 자원	필요 수준
SNS 채널별로 홍보를 진행할 수 있는 비즈니스 계정	무제한 업로드 가능한 프리미엄 비즈니스 계정
그래픽 디자인용 소프트웨어	사진 스냅, 미소까지 편집 가능한 포토샵 Express 계정
영상 편집 소프트웨어	AI 외국어 자동 번역, 자막 작업 가능한 영상 편집 도구
콘텐츠 제작 시 활용 IP (이미지, 글꼴, 스토리, 브랜드 등)	유료 IP 구매 예산 70만 원/월
SNS 채널별 담당자와의 네트워크	언제든 실무 논의를 편하게 할 수 있는 관계 수준

생각해볼 거리

자원이 없어서 업무를 잘 수행하지 못하는 경우가 많을까요?

자원이 없어서 업무를 잘 수행하지 못한다는 내용에 대해 공감하기 어려워하는 리더분들을 가끔씩 뵙는데요.

업무에 필요한 것들은 기본적으로 구매해서 제공하는 것이 일반적이어서 이런 생각을 갖는 경우가 더 많은 것 같습니다. 아마도 앞의 예시에 나와 있는 비즈니스 계정, 예산, 소프트웨어 도구를 보면서 그런 생각이 더 들었을 수도 있습니다(계정, 예산, 도구 같은 것들은 그냥 사서 주면 되는 것 아닌가?).

저는 대기업에서만 직장생활을 하여 자원이 부족해서 업무를 원활하게 수행하지 못했던 경험은 없습니다. 하지만 다양한 기업에서 일하는 많은 분을 만나면서 회사마다 규모와 지원 수준이 다르다는 것을 알게 되었습니다.

특히 IT 업계나 개발 직군 같은 경우는 사용하는 프로그램이 매우 비쌌습니다. 그래서 실무자가 필요하다고 하여 다 지원되지 않는 경우도 있다는 점을 고려해주셨으면 합니다(아마도 AI 기술 기반으로 다양한 도구들이 업무 현장에 필요할수록 많은 분이 이러한 상황에 대해 좀 더 공감하실 수 있지 않을까 생각합니다).

두 번째로 자원의 범위를 어떻게 정의할 것인지에 대한 문제입니다.

제가 SNS 채널 마케팅 담당자에게 필요한 자원은 도구나 계정, 예산 위주로 언급했는데요. 이번에는 통신사 마케터를 예로 살펴보면 어떨까요?

존은 대형마트 신규 입점 점포의 숍인숍Shop in Shop 조기 안정화를 담당하는 통신사 마케터입니다. 입점한 지 한 달 동안 영업 실적이 바닥을 기고 있습니다.

존의 팀장이 신규 입점 점포의 조기 안정화를 위해 필요한 자원을 꼽아봤더니 '마트 관계자와의 네트워크, 대형마트 매장에 대한 이해가 있는 판매 인원, 인근 상권에 대한 이해와 분석 자료' 등이 기본적으로 필요한 자원으로 생각되었습니다.

이어서 각 자원별로 적정 수준을 고려해봤더니 마트의 CS파트장, 부점장에게 숍인숍 입점 및 영업 활동과 관련하여 필요 사항을 요구하고 합의할 수 있는 관계 수준, 신규 입점 시 매장을 활성화시킬 수 있는 4명내외의 에이스 판매팀 등이 필요할 것으로 보입니다. 또한, 타깃 고객인주부들이 마트를 방문하는 주요 시간대, 마트 인근 주택 단지 형태별 인터넷망 인입 형태에 대한 이해도 갖추고 있어야 할 수준으로 보입니다.

이처럼 자원의 범위를 단순 구매나 예산 지원을 통해 해결 가능한 물리적 영역으로만 접근하지 말고 좀 더 넓은 범위로 확대해서 접근해보면, 자원이 부족해서 성과가 잘 나지 않는 상황이 벌어질 수 있다는 점을 이해할 수 있게 됩니다.

따라서 저성과 상태 구성원에 대한 Resupply 단계를 고려할 때는 아주기초적인 자원부터 좀 더 넓은 관점으로 필요 자원을 점검해보며 자원의 구체적 내용과 적정 수준을 좁혀 나가는 것을 추천합니다.

다음은 리더가 조직 운영 과정에서 저성과 상태 구성원의 자원 부족 여부를 가늠할 때 자문자답해볼 수 있는 체크 리스트입니다. 필요한 리더분들은 참고하면 좋을 듯합니다.

자원 평가: 리더의 사전 체크 리스트

- 과업을 수행하는 데 필요한 자원은 무엇인가?
- 자원별로 적정 수준은?
- 해당 구성원이 자원별로 현재 보유하고 있는 것과 보유하고 있지 않은 자원은 무엇인가?
- 보유하고 있는 자원 중 제대로 활용하고 있는 자원은?
- 보유하고 있는 자원 중 제대로 활용하지 못하고 있는 자원은?
- 보유하고 있지 않은 자원 중 추가 지원이 필요할 것으로 예상되는 자원은?
- 자원을 업무에 제대로 활용하기 위해 당사자와 미리 점검해야 하는 사항은?

그럼 자원에 대해 리더 스스로 어느 정도 가늠했다는 가정하에 다음 활동에 대해 알아보겠습니다.

리더가 필요한 자원과 적정 수준에 대해 어느 정도 파악되었

저성과자로 고민하는 팀장에게

다면 이제는 부족한 자원의 실질적 내용을 확인하기 위해 당사자와 소통할 시간입니다. 이 부분은 저성과 상태에 있는 구성원이 부족하다고 인식하는 자원이 무엇인지 확인하고, 리더가 사전에 가늠해봤던 내용과의 일치 여부와 차이 등을 확인하며 자원 지원의 타당성을 높여가는 과정입니다. 리더가 사전적으로 저성과 상태 구성원의 효과적 과업 수행을 위해 필요하다고 생각되는 자원에 대해 잘 파악되었다면 소통은 매우 원활하게 진행될 것인데요.

다음은 구성원과 소통을 진행할 때 염두에 두어야 할 것들입니다.

첫째, 우선순위를 합의해야 합니다.

구성원과 직접 소통을 할 때 저성과 상태에 있는 구성원이 달성해야 하는 업무 목표와 목표 달성을 위한 세부 과업의 우선순위를 정하고, 그 우선순위에서 필요한 자원을 고민하고 논의해야 합니다.

즉 단순하게 어떤 자원이 있는지 여부, 그 수준이 많고 적은지 여부만을 논의하기보다는 달성해야 하는 목표와 목표 달성을 위해 실행해야 할 세부 과업의 우선순위를 먼저 합의해야 합니다.

그리고 우선순위에 따라 어떤 자원을 우선적으로 지원해야 할지에 대해 소통해야 하는데요.

대형 마트 신규 입점 점포의 숍인숍 조기 안정화 과업을 담당하고 있는 통신사 마케터 존의 사례에 적용해볼까요?

존에게 있어 과업의 본질적 목표는 입점한 점포의 활성화입니다. 그리고 그 목표에 비춰봤을 때 가장 우선순위가 높은 이슈는 한 달간 실적이 현저히 떨어지고 있는 모습일 것입니다. 이 경우 가장 우선적으로 고려해야 하는 자원은 무엇일까요?

저라면 에이스 판매팀에 대한 지원을 여러 필요 자원 중 가장 높은 우선순위로 두고 접근할 것 같습니다.

이처럼 모든 자원을 동시다발적으로 투입하는 식이 아닌, 목표를 고려했을 때 가장 시급하고 민감도가 높은 이슈가 무엇인지 고려하여 그 부분부터 단계적으로 지원해 나가는 식으로 소통하고 접근해야 합니다.

둘째, 자원 활용의 효율성을 고려해야 합니다.

자원은 기본적으로 한정되어 있기 때문에 앞서 논의한 우선순위에 근거하여 자원의 투입 시기, 활용 기간 등을 정해야 합니다. 자원을 무한정 제공하기보다는 자원 제공을 통해 실질적 변화를 입증할 수 있는 기간 등을 고려하며 자원 활용의 효율성을 강화할 수 있어야 합니다.

예를 들면 에이스들로 구성된 판매팀이 한 달간 함께 근무하는 것으로 지원을 확정했다고 해봅시다. 리더는 에이스로 구성된 판매팀을 지원하는 것에만 그쳐서는 안 되고, 존에게 변화를 입증할 수 있는 구체적 목표를 제시할 수 있어야 합니다.

매장의 신입 판매사원들이 에이스 판매 팀원의 노하우와 영업 스킬을 배우는 것이 자원 추가 제공에 따른 목표가 되어야 할 것입니다. 그리고 그 목표 달성을 입증할 수 있는 구체 조건은 신규 판매 인원들의 한 달 후 판매 건수가 평균 30% 증대되는 것을 자원 지원의 조건으로 설정할 수 있을 것입니다.

이런 식으로 자원 제공을 통해 실질적 변화를 함께 측정하고 입증할 수 있는 구체적인 내용을 설계함으로써 자원 활용의 효율성을 강화할 수 있습니다.

셋째, 가용 자원의 범위를 확장해서 검토해야 합니다.

필요한 자원을 조직 내부에서 자체적으로만 해결하려고 하기보다는 외부의 지원도 적극적으로 검토하는 것을 추천합니다. 특히, 우리 부서에는 부족하거나 없는 자원이 유관부서의 협조를 받아 해소할 수 있는 경우도 꽤 있다는 점은 많은 리더분이 공감하실 것이라고 생각합니다. 또한, 특정 분야의 전문성이나 네트워크 같은 자원을 필요로 하는 경우 사내 전문가나 외부 전문가의 지원까지 확장해서 고려해보면, 생각보다 손쉽게 해소할 수 있는 경우가 많습니다.

예를 들어 인근 상권 분석 자료는 마케터가 직접 수행해야 하는 것이 원칙입니다. 그러나 본사 지원 조직에 별도로 요청하여 신규 입점 점포에 대한 분석 활동을 수행하고 마케팅 진행 방향에 대해 조언을 요청하는 식으로 협의를 끌어낼 수 있는데요. 인근 상권 분석을 직접 진행하려면 저성과자 상태에 있는 존의 노력만으로는 많은 시일이 소요될 것입니다. 그러나 전문적으로 상권 분석을 해온 본사 지원 부서는 관련 내용에 대해 노하우와 전문성을 보유하고 있기 때문에 훨씬 더 효과적으로 지원할 수 있습니다.

이처럼 우리 부서 자체적으로 해소하기에는 많은 노력이 필요하지만, 유관부서나 외부 지원으로 확장해 검토해보면 효율적으로 이루어지는 경우가 많다는 점을 고려할 수 있어야 합니다.

넷째, 중간 결과를 소통하고 점검하는 절차를 합의해야 합니다.

자원 투입 이후 진척 수준과 결과에 대해 빈도 높게 소통하고 점검하는 절차를 합의해야 합니다. 현재 해당 구성원에게 자원을 추가로 지원하는 이유는 저성과 상태를 벗어나기 위해서입니다. 즉 자원을 추가 지원하는 것은 어디까지나 수단일 뿐이며, 근본 목적은 성과 향상임을 염두에 두고, 일정한 주기로 (가급적) 높은 빈도로 추가 투입된 자원을 통해 성과가 향상되고 있는지를 점검합니다. 그리고 그 결과에 따라 유연하게 대응하는 것이 중요합니다.

자원 추가 투입 소통 시 리더가 유념해야 할 4가지 사항

1. 구성원이 달성해야 하는 업무 목표, 목표 달성을 위해 수행해야 할 세부 과업들의 우선 순위를 합의하고 그에 기반하여 필요한 자원을 논의해야 합니다.
2. 자원의 투입 시기, 활용 기간 등 자원 활용의 효율성을 고려하며 소통합니다.
3. 유관부서의 협조부터 외부 전문가의 지원까지 가용 자원의 범위를 확장적으로 검토합니다.
4. 자원 투입 이후 그 진척 수준과 결과에 대해 빈도 높게 소통하고 점검하는 절차를 합의합니다.

활동 2. 업무 프로세스에 대한 이해와 활용 수준을 점검, 보완

저성과 상태에 있는 구성원이 자신의 능력을 발휘하는 데 있어 조직의 업무 프로세스나 시스템 측면에서 보완해야 할 점이 있는지 확인하고 조치하는 내용입니다.

Phase 1. 프로세스 숙지 여부 확인

프로세스는 과업의 특성을 반영하여 해당 과업이 안정적이고 일관성 있게 수행되도록 돕는 시스템적 절차입니다. 그래서 모든 프로세스에는 각 단계마다의 목적과 의도가 있고, 그에 부합하게 수행해야 할 활동과 산출물이 존재하기 마련입니다.

자신이 맡은 과업의 프로세스에 대한 이해 수준이 낮거나, 조직의 프로세스가 효과를 발휘하도록 정교하게 설계되지 않으면 그 프로세스는 되려 구성원의 능력 발휘를 방해하는 장애요인이 됩니다. 이것도 프로세스가 갖는 특성입니다. 즉 과업의 목적과 특성에 부합하지 않게 프로세스가 수립되어 작동되면 업무 수준이 떨어질 확률이 높아진다는 의미입니다.

신입 사원 시절에 하루 동안 회사 콜센터에서 상담사분들 옆에 앉아 고객의 목소리를 청취한 적이 있었습니다. 점심시간이

막 지났을 무렵으로 기억합니다. 상담사분이 식사 후 첫 상담 전화를 연결했고, 고객에게 친절하게 인사한 후 절차에 따라 주민번호, 주소, 가입자명 등의 기본 정보를 여쭤보고 있었습니다. 그런데 말이 끝나기도 전에 고객이 엄청나게 소리를 지르셨고 옆에 앉아 있던 저까지 너무 놀라 아무 말도 못한 채 그 고성을 몇 분간 고스란히 들어야 했습니다. 후에 진정이 되고 난 후 고객이 화를 냈던 이유를 들어보니 ARS 단계에서 주민번호와 같은 기초 정보를 모두 입력해서 연결되었는데 상담사분이 같은 내용을 다시 확인하는 것에 화가 나셨던 것이었습니다. 그리고 자신이 문의한 것은 주말에도 속도 업그레이드 출장 방문이 가능한지 여부만 간단하게 확인하고자 한 것인데, 그 간단한 문의 사항을 확인하는 데 요구되는 절차가 번거로운 것도 큰 불만 사항이었습니다(그 고객은 자신이 주식을 대량으로 거래하는 사람인데 이 상담 절차로 인해 주식 거래에 집중하지 못하게 된 상황으로 더욱 화가 났던 것으로 기억합니다).

사건이 있기 전까지 그 상담사분은 고객이 이야기하는 것을 빠르게 캐치하고 가장 효율적인 방식으로 안내하여 상담이 끝날 때마다 고객의 상담 만족도는 '매우 만족'이 대부분이었습니다.

상담사분은 회사에서 마련한 절차에 따라 고객의 신상정보를 한 번 더 확인하는 과정을 충실하게 수행했습니다. 그러나 몇 분간의 고성과 폭언을 겪은 후 상담사분은 오후 시간 내내 원활한 상담을 이어가지 못했습니다.

만약, 고객과 연결이 되었을 때 질문 사항을 먼저 듣고 난 이후에 고객의 정보 재확인이 필요한 건들만 중복 체크하는 프로세스였다면 어땠을까요?

안타까운 사례이긴 하지만, 프로세스가 구성원의 능력을 충분히 발휘하지 못하게 만든 것 같아 소개해드렸습니다. 그만큼 프로세스가 구성원 개인의 능력 발휘에 영향을 미치는 요소임을 고려하며 구체적인 내용을 살펴보겠습니다.

다음은 리더분들이 활용해볼 수 있는 프로세스 이해 수준 점검 시트입니다. 이 시트를 활용할 경우 과업마다 프로세스가 상이하기 때문에 구성원이 수행하고 있는 과업 단위로 점검하는 것을 추천합니다.

시트에 과업 수행을 위해 필요한 절차를 먼저 기입하고, 각 절차마다 수행해야 할 Key Activity(주요 활동)를 기입합니다. 그 후, Activity(활동)를 통해서 만들어내야 하는 산출물Deliverable을 기입하면 다음 시트가 완성됩니다. 그리고 이 시트를 통해 해당 과업 수행의 주요 절차와 요구 활동, 필요 결과물을 종합적으로 조망해볼 수 있습니다.

[그림 9] 프로세스 이해 수준 점검 시트

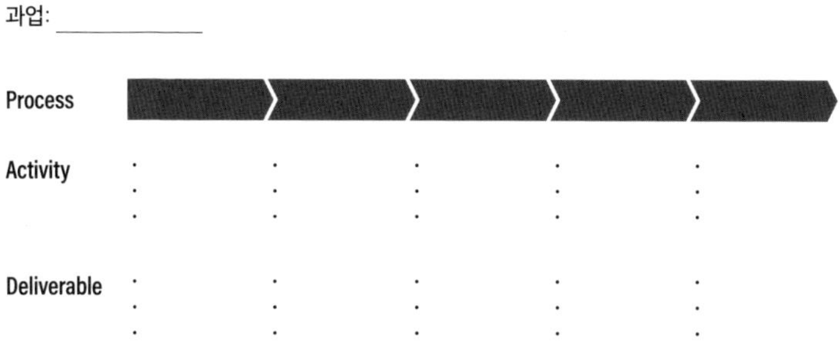

과업: _____

Process					

Process

Activity

Deliverable

이 도구를 보다 효과적으로 활용하는 팁을 말씀드리면, 리더가 먼저 작성해보는 것입니다. 앞서 말씀드렸듯이, 과업의 특성에 부합하지 않는 형태로 프로세스가 수립, 운영되고 있다면 이는 프로세스 자체를 개선하는 방향으로 접근해야 하기 때문입니다.

만약, 리더분이 작성한 프로세스가 과업 특성에 적합하다고 판단된다면, 그 후 저성과 상태의 구성원에게 해당 과업에 대한 프로세스를 작성해보도록 가이드하시면 됩니다.

Phase 2. Process 병목 지점 확인

프로세스 이해 수준 점검 시트가 완성되면 다음과 같은 모습
일 것입니다.

[그림 10] 프로세스 이해 수준 점검 시트 예시

과업: 광고 캠페인 계획

Process	캠페인 계획	캠페인 준비	캠페인 실행	캠페인 평가	캠페인 개선
Activity	• 마케팅 목표 설정 • 대상 고객 정의 • 예산 및 자원 할당	• 광고 콘텐츠 개발 • 채널 선택 • 채널별 일정 계획	• 광고 실행 • 반응 모니터링 • 데이터 수집 및 분석	• 성과평가 • 보고서 작성 • 피드백 수집	• 개선 사항 확인 • 시사점 도출
Deliverable	• 마케팅 목표 문서 • 대상 고객 프로필 • 예산 및 자원 할당 계획서	• 광고 콘텐츠 • 광고 채널 계획서	• 광고 게시 보고서 • 분석 보고서	• 평가 보고서	• 수정 및 개선 계획서

정리된 내용을 바탕으로 기본 절차를 이해하고 준수하는지, 각
절차별 활동 수행 시 이슈가 발생하는 내용은 무엇인지, 산출물
의 품질이 유독 낮게 나타나는 것은 무엇인지 등을 조망해볼 수
있습니다.

이 예시 중 캠페인 계획 단계에서 업무 납기가 지연되거나 요

구되는 산출물의 품질이 낮게 나타난다고 생각해볼까요?

왜 그런 부정적 모습이 나타나는지에 대해 구체적인 원인을 확인해봐야 할 텐데요. 리더는 문제의 원인을 고민할 때, 구성원의 능력이나 태도를 중심으로 접근하는 실수를 주의해야 합니다. 구성원의 능력이나 태도보다는 각 단계별로 적절하게 의사결정을 하고 있는지, R&R$^{\text{Role \& Responsibility}}$(역할과 책임)을 명확하게 구분하고 있는지, 필요한 기술이나 도구가 제공되고 있는지 등과 같은 조직의 시스템 측면에서 문제의 원인을 탐구해야 합니다.

왜냐하면 현재 우리는 저성과 상태에 있는 구성원이 과업을 수행하는 데 필요한 능력을 보유하고 있으나, '자원'의 이슈로 능력이 발휘되지 않는다는 것을 전제로 두고 있는 Resupply 단계이기 때문입니다.

다음 체크리스트를 활용하셔서 구성원의 능력이나 태도가 아닌, 프로세스가 작동되는 환경 전반의 시스템적 측면에서 그 원인을 고민해보시기 바랍니다.

프로세스 병목 현상 원인 진단을 위한 체크 리스트

- **의사결정 측면**: 해당 과업에 대해 제시하는 목표는 명확한가? (SMART 법칙)

- **의사결정 측면**: 해당 과업에 대해 적절한 시점에 의사결정이 이루어지고 있는가?

- **의사결정 측면**: 과업별로 누가 의사결정을 해야 하는지 의사결정 주체가 명확하게 설정되어 있는가?

- **R&R 측면**: 구성원 or 부서 간 업무 분담이 명확한가? (중복되거나 누락되는 업무 여부, Gray Zone)

- **기술 및 도구 측면**: 필요한 기술적/도구적 요구 사항이 충족되고 있는가?

- **기술 및 도구 측면**: 효율성을 높일 수 있는 기술이나 도구가 제공되고 있는가?

- **규정 측면**: 관련 절차 및 문서가 준비되어 있는가? (특히, 법적 제약이 있는 경우)

쉬어가는 가벼운 이야기

저희 집의 경우 보통 저녁을 제가 준비하고 와이프가 식기류를 애벌 세척하여 식기세척기를 돌리는 일을 합니다. 그런데 어느 날 저녁에 퇴근하고 식사를 준비하려고 주방에 갔는데 식기세척기에 식기들이 정리되어 있지 않았습니다.

늦은 시간까지 아이들을 가르치고 돌아오는 와이프를 생각해 저녁 식사를 하기 전에 식기류를 미리 정리해두었습니다.

그날 저녁 식사를 마치고 와이프가 식기세척기를 열어보더니 그릇들이다 어디에 갔는지 물었고, 저는 뿌듯한 느낌을 가득 담아 식기류를 모두 정리해서 넣었다고 말했습니다.

와이프는 식기세척기를 돌리지 않은 것이라며 그 그릇들을 다시 꺼내라고 했습니다. 어디에 얼마만큼 씻기지 않은 그릇들이 들어가 있는지 기억나지 않고, 찾을 수도 없었습니다.

좋은 마음으로 식기를 정리했던 저는 그릇 상태가 깨끗한 것 같던데 애벌 세척을 설거지 수준으로 했냐며 와이프에게 핀잔을 주었고, 와이프는 확인하지 않고 그릇을 멋대로 정리한 저에게 핀잔을 주었습니다(그냥 싸웠습니다).

그날 애매하다고 생각되는 그릇은 모두 꺼내어 식기세척기를 두 번이나 돌리느라 늦은 시간까지 잠을 자지 못했고, 그다음부터는 절대 식기세척기의 그릇을 손대지 않습니다.

암묵적으로 정해져 있던 R&R을 깨는 후폭풍을 몸소 경험했기 때문입니다.

Phase 3. 병목 현상 개선 방안 수립, ERRC

원인을 파악했다는 가정하에 개선안에 어떻게 접근해야 하는 지에 대해 살펴보겠습니다.

개선안을 마련할 때 여러 가지 방식과 관점이 있겠지만, 저는 ERRC^{Eliminate, Reduce, Raise, Create} 프레임워크를 활용해보는 것을 추천 합니다.

ERRC의 활용을 위한 기본 개념은 다음과 같습니다.

ERRC 기본 개념

- **Eliminate:** Process 병목 현상을 유발하는 세부 이슈 중 제거가 필요한 항목
- **Reduce:** 병목 현상을 유발하는 세부 이슈 중 줄이거나 감소해야 하는 항목
- **Raise:** 병목 현상을 극복하기 위해 늘리거나 강화해야 하는 항목
- **Create:** 병목 현상을 극복하기 위해 새롭게 시도해야 하는 항목

앞서 살펴본 광고 캠페인 과업을 사례로 들어 ERRC를 활용한 개선안 도출 방식을 구체적으로 살펴보겠습니다.

예를 들어, 캠페인 계획 단계에서 마케팅 자원 할당 시 실무자가 셀장-파트장-팀장-실장-담당-본부장의 6단계 의사결정을 밟아야 하는 Issue Point(문제점)가 확인되었다고 가정해봅시다.

- **Eliminate:** 과업의 효율을 떨어뜨리는 셀장-파트장의 의사결정 단계를 제거하며 효율성을 높일 수 있습니다.
- **Create:** 의사결정 단계에 있는 조직장들과 주간 단위로 정기 미팅을 신설하여 의사결정이 요구되는 주요 업무 이슈에 대해 맥락과 상황을 상시적으로 공유할 수 있는 체계를 마련할 수 있습니다.

R&R 측면에서도 ERRC를 적용해보겠습니다.

타깃 고객 대상 콘셉트 정의 업무를 유관부서인 고객 분석팀에서도 동일하게 담당하고 있습니다.

- **Reduce:** 같은 성격의 업무를 중복하여 담당하고 있기 때문에 Reduce 관점에서 고객 분석팀에서 제안하는 내용을 확인하고 합의하는 수준으로 업무의 Scope(범위)를 줄일 수 있습니다.
- **Raise:** 또한, 콘셉트를 정의할 때 업무 과부하가 크게 걸리는 경우가

많기 때문에 타 광고 프로젝트에서 활용했던 Criteria를 표준화하고, 이 Criteria를 통해 콘셉트 정의의 적정성 여부를 판단하는 기준을 고도화할 수 있습니다.

[표 4] 병목 현상 개선을 위한 활동

Process 병목 현상 개선 Sheet		병목 현상 개선을 위한 활동			
		Eliminate	Reduce	Raise	Create
Issue 영역	구체	제거해야 할 활동	줄이거나 감소해야 할 활동	늘리거나 강화해야 할 활동	새롭게 시도해야 할 활동
의사결정	마케팅 자원 할당 시 실무자가 셀장-파트장-팀장-실장-담당-본부장의 6단계 의사결정을 밟아야 하는 등 비효율이 발생	셀장-파트장의 의사결정 단계를 제거			의사결정 단계에 있는 조직장들과 주간 단위로 정기 미팅을 신설, 의사결정이 요구되는 주요 업무 이슈에 대해 맥락과 상황을 상시적으로 공유할 수 있는 체계 마련
R&R	유관부서인 고객분석팀이 광고 캠페인 타깃 고객 대상 콘셉트 정의 업무를 중복해서 담당하며 비효율이 발생		타깃 고객 대상 콘셉트 정의 업무는 유관부서 (고객분석팀)가 수행한 내용을 합의하는 수준으로 업무의 Scope를 줄임	타 광고 프로젝트에 활용했던 대상 고객 정의 Criteria를 표준화하고, 이 Criteria를 활용하여 콘셉트 정의의 적정성 여부를 판단하는 기준을 고도화	

프로세스 이해 수준을 확인하고 단계별 주요 병목 현상과 원인을 확인한 후, ERRC를 활용한 개선 방안을 수립하는 내용을 살펴보았습니다.

이런 방식을 통해 프로세스의 미비함으로 인해 발생하는 문제를 확인할 수 있고, 시스템 환경 측면의 조치를 취할 수 있습니다.

활동 3. 자원 공유와 협력적 문화의 조성 및 촉진

조직문화를 쉽게 설명하면, 해당 조직이 성과를 내는 데 있어 구성원들이 가장 효과적이라고 믿고 있는 신념으로 정의해볼 수 있습니다. 즉 구성원들이 지금까지 가장 효과적이라고 믿고 있었고, 앞으로도 우리가 성과를 내는 데 있어 가장 효과적일 것이라고 믿고 있는 방식(태도, 가치관, 행동 규범)이기 때문에 여러 업무 상황에서 의사결정이나 행동의 기준으로 영향을 미치는 것이 바로 조직문화입니다.

그만큼 조직문화는 일상적인 업무 수행 과정에서 구성원의 일하는 방식, 동료를 대하는 태도 등에 직·간접적으로 영향을 미치는 주요한 요인입니다.

Resupply 측면에서 리더가 확인해야 하는 조직문화의 특징은 구성원 간에 얼마나 자원을 공유하고, 협업하는 정도가 활성화되어 있는지 여부입니다.

이 부분은 별도의 설명을 하지 않더라도 자원 공유와 협업을 장려하는 조직문화가 저성과 상태에 있는 구성원이 자신의 능력을 제대로 발휘하는 데 큰 영향을 미친다는 점을 대부분의 리더께서 경험적으로 이해하고 있을 것으로 생각됩니다.

아무리 구성원 개인의 능력이 우수하더라도 조직문화가 경쟁 중심적이고 독자적 생존을 강조하는 문화라면, 개인의 우수한 능력을 제대로 발휘할 수 있는 충분한 자원이 당사자에게 제공되지도, 활용되지도 못할 확률이 매우 높다는 의미입니다.

따라서 저성과 상태에 있는 구성원으로 인해 고민이 있는 리더라면 꼭 자원을 공유하고 협업하는 조직문화가 조성되어 있는지를 Resupply 단계에서 체크해보는 것이 필요합니다.

이러한 문화가 조직 내에 어느 정도 조성되어 있는지를 확인해볼 수 있는 검증된 진단 도구가 있습니다. 그러나 이 진단 도구는 조직원 전체가 함께 참여해야 하고, 추가적인 해석이 함께 이루어져야 하는 현실적 한계로 이 책에서는 다루지 못하게 된 점, 너그럽게 양해를 부탁드립니다.

다음은 리더가 자원 공유 및 협업 중심의 조직문화가 얼마나 잘 조성되어 있는지 여부를 점검하는 데 활용 가능한 Indicator입니다. 가볍게 참고해보세요.

자원 공유 및 협업 중심의 조직문화 조성 여부 점검 Indicator

조직의 시스템적 차원

- 조직의 목표와 우선순위를 고려하여 조직 내 자원이 전략적으로 할당되고 있다.
- 자원의 유연한 활용을 지원, 촉진하기 위한 환경(규정, 프로세스, 도구 등)이 갖춰져 있다.
- 중복된 자원 사용, 불필요한 자원 사용 등 자원의 효율적 활용에 대한 점검과 조정이 이루어진다.

구성원의 행태적 차원

- 구성원들 사이에서 개인보다 팀워크를 강조하는 분위기가 형성되어 있다.
- 동료의 특성(개인 성향, 가치관, 일방식, 업무 상황 등)에 대한 이해가 높다.
- 업무 진행에 필요한 정보와 의견이 활발하게 공유/토론된다.
- 동료가 필요로 하는 자원에 대해 리더의 개입 없이 동료들 간에 자체적으로 공유 및 지원이 이루어진다.
- 성공/실패 경험을 공유하고, 그로부터 얻은 시사점을 동료에게 전파한다.

1. 저성과 상태에 있는 구성원의 능력 향상을 위한 접근 시 당사자의 수용성을 고려하여 과업 유지 → 과업 조정 → 조직 조정의 3단계를 순차적으로 접근하는 것이 효과적입니다.

2. 구성원이 부족하다고 느끼는 자원을 확인하고 점검하며 지원하는 활동(Resupply)이 가장 먼저 활용될 수 있습니다.

3. Resupply 단계에서는 부족한 자원을 평가(점검)하는 한편, 업무 Process 및 시스템 점검/보완, 조직 문화 조성 등의 거시적 활동까지 범주를 넓혀 접근할 때 좀 더 긍정적인 효과를 만들어낼 수 있습니다.

4. Resupply ① 부족한 자원의 평가
   ▶ 순서: 필요한 자원과 수준 정의 → 정의된 기준에 의거한 자원 평가 → 당사자와 소통
   ▶ 소통 시 고려사항
   - 달성해야 하는 업무 목표와 목표 달성을 위한 세부 과업의 우선순위 하에서 필요한 자원을 고민
   - 우선순위에 근거하여 자원의 투입 시기, 활용 기간 등을 논의
   - 유관부서의 협조부터 외부 전문가의 지원까지 확장적으로 자원의 범위를 고민
   - 자원 투입 이후 그 진척 수준과 결과에 대해 빈도 높게 소통하고 점검하는 절차를 합의

5. Resupply ② 업무 Process 및 시스템 점검/보완

▶ 순서: Process 숙지 여부 확인 → Process 병목 지점 확인 → 병목 현상
개선 방안 수립(ERRC)

▶ 각 활동별 고려 사항

- Process 숙지 여부 점검은 과업 단위로 진행하되, 세부 절차별 Key
Activity와 Key Deliverable을 통합적으로 점검

- 병목 현상의 원인을 고려할 때 의사결정 측면, R&R 측면, 기술 및 도
구 측면, 규정 측면 등 시스템적 원인을 중심으로 접근

- ERRC Framework 활용을 통해 병목 현상을 해결하기 위한 개선 활동
을 보다 체계적으로 고민하고 도출

6. Resupply ③ 조직문화 조성

▶ 조직문화는 업무 상황에서 의사결정이나 행동의 기준으로 영향을 미치
는 요인

▶ Resupply 측면에서 리더가 확인하고 조성해야 하는 조직문화는 '자원
공유 및 상호 협업의 활성화'

8장

2단계 과업 유지 단계: Retrain

Resupply 다음 단계로 Retrain 관련 내용을 살펴보겠습니다.

Retrain 단계는 앞서 살펴본 Resupply 단계와 상호 간에 밀접한 영향을 주고받기 때문에 이를 고려하여 접근해야 합니다.

부족한 자원은 교육 훈련의 부족함을 유발하고, 교육 훈련의 부족함은 자원 활용의 효과성을 낮추게 만드는 등 두 단계는 상호 영향을 미치는 관계입니다.

이러한 특성을 감안해보면, Retrain 활동은 Resupply 단계에서 검토했던 내용을 통합적으로 고려하며 접근할 수 있어야 합니다.

앞서 살펴봤던 대형마트 신규 점포 숍인숍 매장 조기 안정화 사례를 떠올려봅시다. 존의 팀장은 본부에 별도로 요청하여 마트 인근 상권에 대한 분석 활동을 지원받았습니다. 그런데 문제는 상권 분석 결과가 있음에도 이를 판매 현장에서 효과적으로 활용하지 못하고 있었습니다. 왜 그런 것인지 살펴봤더니 상권 분석의 세부 내용을 판매 현장에서 어떤 포인트로 활용해야 하는지 이해하지 못하고 있었던 것이었습니다.

마트 인근은 학군지로 초·중·고등학교가 8곳이나 있었습니다. 따라서 타깃 고객인 주부들 대부분은 학교에 다니는 자녀를 둔 경우가 많았고 교육에 관심이 많다는 점을 활용할 수 있어야 합니다. 이를 고려해보면, 회사(통신회사)가 보유하고 있는 자녀 교육용 콘텐츠를 적극 활용하여 홍보해야 하는데 상품권 지급 금액을 핵심 메시지로 홍보하며 영업 활동을 수행하고 있었던 것이었습니다.

이처럼 자원이 있다고 하더라도 그것을 효과적으로 잘 활용하는지는 다른 문제입니다. 따라서 리더는 Resupply 단계에서 검토된 자원이 효과적으로 활용될 수 있게 후속 교육, 훈련 활동을 고려할 수 있어야 합니다.

[그림 11] Resupply와 Retrain의 연관성

Resupply 측면	Resupply 측면 해석
• 보유하고 있는 자원을 충분히 활용하지 못하고 있음 • 과업을 효과적으로 수행할 수 있는 수준의 자원이 부족하거나 없음	• 새롭게 지원 받아야 할 자원을 효과적으로 활용하기 위한 지식 및 스킬 습득의 필요성 • 조직이 보유 중인 자원을 활용할 수 있는 특정 지식 및 스킬의 향상 필요성

그렇다면 Retrain의 구체 활동은 어떻게 진행되어야 할까요?

Retrain은 저성과 상태에 있는 구성원이 과업을 수행하는 데 필요한 역량을 확보할 수 있도록 교육, 훈련을 진행하는 단계입니다. 현재 우리가 저성과 상태를 극복하기 위해 활용하려는 Retrain 단계는 기존에 수행해왔던 과업을 유지하는 단계에 속하기 때문에 비교적 좁게 타깃팅된 영역에 대해 짧고 집중적인 형태로 교육 훈련을 진행하는 것을 추천합니다Upskilling.

그럼 Upskilling 측면의 교육 훈련 개발을 위한 필요 능력 진단과 효과적 Retrain 방식에 대해 살펴보겠습니다.

개발이 필요한 능력의 진단과 확인

이슈 1. 어떤 수준으로 능력을 정의해야 하나?

필요한 능력은 어떤 수준으로 정의가 되어야 할까요? 능력도 절대적으로 높고 낮음이 있고, 연차에 따라 기대되는 능력 등 상대적 높고 낮음이 있을 텐데요. 이 관점들로 특성을 분류하면 다음과 같습니다.

[그림 12] 능력 수준에 따른 특성

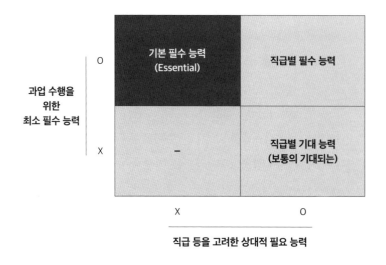

Retrain 단계에서 능력의 수준을 정의할 때 '저성과 상태 극복을 위한 능력 개발'이라는 점을 고려한다면, 가급적 직급이나 연차 등과 같은 상대적 기준치보다는 절대적 기준$^{\text{Minimum Requirement}}$을 염두에 두고 접근하는 것을 추천합니다. 이런 사항을 고려할 경우 매트릭스상에서 기본 필수 능력^{Essential}에 해당합니다(그림 12).

리더의 고민

"과장이나 차장 정도 되는 사람들에게 필수 능력(=기본기)을 교육, 훈련 받도록 하는 게 맞을까요?"

결론을 먼저 말씀드리면, 어설픈 배려가 구성원의 저성과 상태를 더 고착화한다는 점을 말씀드립니다.

교육, 요리, 스포츠, 미용 등 분야를 막론하고 공통적으로 통용되는 말은 바로 '기본기'가 가장 중요하다는 점입니다.

기본기가 탄탄하다면 조금 뒤처지고 있더라도 금세 따라잡을 수 있고, 기본기가 탄탄한 사람은 그 분야의 거장이 되는데 누구보다 유리하다는 의미인데요.

구글이나 유튜브 등에서 손흥민, 백종원 등 유명인의 '이름+기본기'로 검색해보면 각 분야의 전문가로 성장하는 데 기본기가 얼마나 중요한지 쉽게 확인할 수 있습니다.

저성과 상태 극복을 위한 능력의 수준을 정의할 때도 마찬가지입니다.

특히 과장이나 차장 등과 같이 조직에서 직위나 연차가 있는 구성원에 대해 기본기를 중심으로 접근해도 될지 불안감을 느끼는 분들이 있을 텐데요(다른 구성원들 보는 눈도 있고, 괜히 그들의 자존심을 건드려 관계가 어색해지는 것도 불편한 것이 그 이유일 것입니다).

하지만 이 기본기 영역을 먼저 부러뜨리지 않고는 저성과 상태 극복을 꿈꿀 수 없습니다. 과장이나 차장 정도 되는 경력을 가진 구성원이 지속적인 저성과 상태를 보여왔다면 그것은 '기본기'의 부족에서 문제가 비롯되었을 확률이 매우 높습니다.

직위나 연차 등과 같은 상대적 기준이 아닌 과업 수행에 요구되는 절대적 수준의 '기본기'를 염두에 두고 Retrain 단계를 차근차근 밟아 나간다면 직급/직위별 필요 능력도 분명 금세 따라잡을 수 있을 것입니다.

이슈 2. 개발 필요 능력을 어떤 방식으로 도출해야 할까?

기본 필수 능력^{Essential}에 해당하는 능력을 정의하고 나면 구체적인 내용 단위로 저성과 상태 구성원의 수준을 확인하고, 개발이 필요한 내용을 도출해야 할 텐데요.

사실 대부분의 리더가 마음속에 이미 그 구성원의 능력 수준과 개발이 필요한 능력에 대해 어느 정도 판단이 서 있는 경우가 많을 것입니다. 그럼에도 불구하고, 리더들께서 저성과 상태에 있는 구성원의 능력 수준을 파악하고 개발이 필요한 항목을 다방면으로 확인하는 것을 강력하게 추천합니다.

왜냐하면 개발이 필요한 능력을 진단한 이후에 당사자와 개발을 위한 구체적인 활동 계획에 대해 소통해야 하기 때문입니다. 진단 및 확인 단계에서 리더 개인의 직관적 판단에만 의존하지 않고 다양한 측면에서 관찰하고 정보를 모으게 되면 당사자와 논의할 때 좀 더 객관적이고 구체적인 내용으로 소통할 수 있게 됩니다. 그리고 객관적이고 구체적인 내용이 기반이 된 소통은 곧 구성원의 수용성에도 긍정적 영향을 미치게 됩니다.

그럼 다음 개발 필요 능력 검토 시트를 통해 구체적인 방식을 살펴보겠습니다.

[표 5] 개발 필요 능력 검토 시트

개발 필요 능력 검토 Sheet		Assessment			
		자기 평가(A)	이해관계자 평가(B)	점수 Gap	추가 검토
역할(과업)	필요 능력 (지식, Skill 등)	①②③④⑤ 매우 낮음 ↕ 매우 높음	①②③④⑤ 매우 낮음 ↕ 매우 높음	A-B의 점수 차 기입	Mini PJT, Task 추가 검증 필요 활동

첫째, 저성과 상태 구성원 스스로 자기 평가를 수행합니다.

시트에서 확인할 수 있듯이 역할(과업)과 해당 역할 수행에 필요한 능력 리스트를 작성한 후 가장 먼저 Self assessment(자기 평가)를 진행합니다. 요구되는 역할(과업)을 수행하는 데 있어 필요한 능력의 각 항목별 수준을 자기 스스로 평가하는 방식입니다.

자기 평가를 가장 먼저 수행하도록 하는 이유는 저성과 상태에 있는 구성원이라면 자기 객관화가 이루어지지 않은 경우가 많은 현실을 반영하는 면도 있습니다. 그리고 처한 상황 자체가 부정적이라 타인에 의한 평가에 영향을 크게 받으며 상황을 제대로 판단하지 못하는 경향이 더욱 강해질 수 있는 점을 감안해야 하기 때문입니다.

둘째, 자기 평가 이후에는 이해관계자를 통한 평가를 진행합니다.

아무래도 저성과 상태에 있는 구성원과 과업을 함께 수행하고 있거나 밀접하게 연관된 일을 하고 있는 동료나 유관부서가 이 평가를 수행하기에 가장 적합한 사람들일 것입니다. 다만, 이때는 직접적으로 시트를 제공하며 동료나 유관부서에게 평가하도록 하는 행위는 주의해야 합니다. 저성과 상태의 구성원에게 모욕감을 주는 등 직장 내 괴롭힘에 해당할 수 있기 때문에 각 이해관계자들이 이를 인식하지 않도록 리더는 매우 신중하게 소통을 진행해야 합니다.

　다음은 이해관계자들이 이 문제를 인식하지 못하도록 리더가 소통하는 방식에 대한 예시입니다.

(저성과 상태 구성원: 존)

팀장: 매튜 님, 존이 작년부터 업무하는 데 어려움을 많이 겪는 것 같아서 제가 마음이 많이 쓰이네요.

매튜: 네, 팀장님. 저도 비슷하게 생각하고 있었습니다.

팀장: 존을 어떻게 도와줄지 고민이 되어서 그런데요. 매튜 님이 보기에 존이 SNS 채널별로 트렌드를 구분해서 정리하는 것과 트렌드를 마케팅 전략으로 연계하는 것 중에 어떤 부분을 더 잘하는 것 같나요?

매튜: 제가 보기에 둘 다 평균적인 것 같긴 한데 아무래도 마케팅 전략이랑 연계하는 것을 좀 더 잘하는 것 같아요.

팀장: 아, 그렇군요. 저도 비슷하게 생각했어요. 트렌드를 마케팅 전략으로 연계하는 것은 우리 업계의 실무자들 평균 수준과 비교했을 때 더 낫다고 생각하나요?

매튜: 보통이긴 한데, 트렌드를 구분하는 게 상대적으로 약해서 마케팅 전략 연계가 효과를 못보는 경우도 있는 것 같아요.

팀장: 아, 그렇겠네요. 존이 SNS 채널별 트렌드를 구분하고 정리하는 능력을 좀 더 보완하는 방법을 도와주면 좋겠군요.

매튜: 네, 그럴 것 같아요.

팀장: 고민 들어주고, 함께 의논해주셔서 감사합니다.

*이해관계자 평가_SNS 채널별 트렌드 구분 및 제시: 1점,
  마케팅 전략 연계: 2점 or 3점

이 단계의 평가를 진행하고 나면 자기 평가와 이해관계자 평가 간 비교를 통해 능력 개발이 필요하다고 판단되는 항목과 '자기 평가 – 이해관계자 평가' 간 갭이 과다한 항목을 도출할 수 있습니다.

SNS 채널 마케팅 직무에서 마케팅 계획을 담당하고 있는 구성원의 사례를 샘플로 만들어보았습니다(표6).

이 시트에서 보듯이 자기 평가, 이해관계자 평가 점수가 모두 낮게 나타나는 항목은 어떻게 능력을 개발해야 할 것인지에 대해 바로 검토하면 됩니다. 하지만 자기 평가와 이해관계자 평가 점수 간 격차가 크게 나타나는 '갭^{Gap} 과다 항목'은 추가로 관련 내용을 확인하고 검증하는 활동을 진행하는 것을 추천하는데요.

그 이유는 리더도 감정의 동물인 사람이다 보니 골치를 아프게 하는 저성과 상태의 구성원에게 호의적이지 않은 감정을 품

[표 6] 개발 필요 능력 검토 시트 예시

개발 필요 능력 검토 Sheet		Assessment		
		자기 평가(A)	이해관계자 평가(B)	점수 Gap
역할(과업)	필요 능력 (지식, Skill 등)	①②③④⑤ 매우 낮음 ↕ 매우 높음	①②③④⑤ 매우 낮음 ↕ 매우 높음	A-B의 점수 차 기입
마케팅 계획	**[전략 수립]** 제품/브랜드의 마케팅 목표를 설정하고, 해당 목표를 달성하기 위한 전략을 수립	③	②	1
	[대상 그룹 분석] 타깃 시장과 대상 그룹을 파악하고, 그들의 행동 양식, 관심사, 선호도 등을 분석	④	③	1
	[콘텐츠 개발] 텍스트, 이미지, 동영상 등 다양한 콘텐츠를 제작하고, 마케팅 목표와 대상 그룹에 적합한 콘텐츠를 개발	④	④	0
	[커뮤니케이션 기획] 소셜 미디어에서의 효과적인 커뮤니케이션 전략을 기획하고, 커뮤니케이션 메시지를 전달	②	②	0
	[데이터 분석과 평가] SNS 플랫폼에서 데이터를 분석하여 캠페인 성과를 평가하고 개선	②	①	1
	[트렌드 및 시장 조사] 최신 SNS 트렌드와 마케팅 동향을 조사하고, 시장 동향을 파악	④	①	3
	[소셜 미디어 도구 활용] 다양한 SNS 플랫폼과 마케팅 도구를 이해하고, 효과적으로 활용	⑤	①	4

▨▨▨▨ 절대 능력 수치가 낮은 것으로 판단된 항목으로 능력 개발 계획 수립 및 실행

▨▨▨▨ 자기 평가 - 이해관계자 평가 간 Gap이 과다한 항목으로 추가 검증 활동

고 있는 경우가 종종 있습니다. 그리고 비우호적인 감정은 저성과 상태에 있는 구성원이 주장하는 것에 대해 편견을 갖고, 그 구성원이 주장하는 내용에 대한 타당성을 상대적으로 낮게 인정하는 경향으로 이어지기 십상입니다.

따라서 갭이 과다한 항목은 리더가 좀 더 유심히 해당 구성원을 관찰하거나, 2~3일가량 걸리는 매우 작은 단위의 임시 과업을 수행하도록 하여 능력 개발 항목으로 반영할지 여부에 대해 객관성을 높여가는 활동을 수행하는 것을 추천합니다.

효과적 Retrain 활동의 실행

개발 필요 능력에 대한 판단이 이루어지고 나면 이제 본격적으로 Retrain 측면의 교육, 훈련 활동을 실행해야 합니다.

앞서 설명한 것처럼 현재 단계에서는 타깃팅된 영역에 대해 비교적 짧고 집중적인 형태의 교육 훈련 활동이 요구됩니다. 이는 곧 높은 효율성 속에서 효과성이 나타날 수 있는 접근 방식이 필요하다는 것을 의미합니다.

다음의 러닝 피라미드(그림 13)는 다양한 학습 방식(강의, 읽기, 시연, 토론 등)으로 학습한 후 24시간 후에 기억에 남아 있는 비율

저성과자로 고민하는 팀장에게

을 측정하여 정리한 내용입니다. 이 내용은 리더의 Retrain 활동에 유의미한 시사점을 줍니다.

[그림 13] 학습 효과성 피라미드

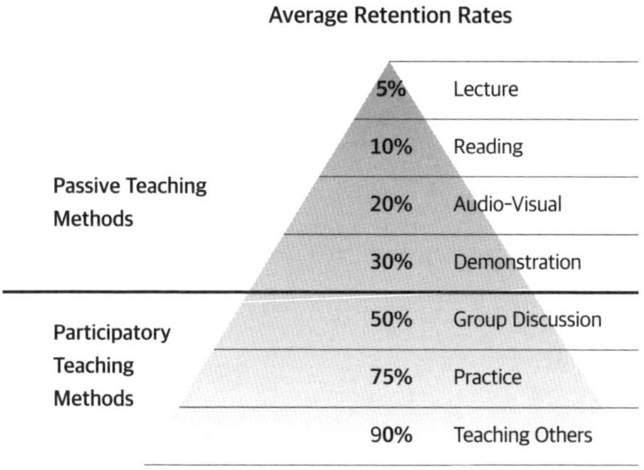

Average Retention Rates

	5%	Lecture
	10%	Reading
Passive Teaching Methods	20%	Audio-Visual
	30%	Demonstration
Participatory Teaching Methods	50%	Group Discussion
	75%	Practice
	90%	Teaching Others

(출처: Adaptive from National Training Laboratories, bethel, Maine)

러닝 피라미드 내용을 살펴보면, 가장 흔하게 활용하고 있는 학습 방식인 듣기(강의), 읽기 등은 수동적 방식으로 분류되고, 그 효과성도 5~10% 정도로 매우 낮게 나타나고 있습니다. 그에 반해, 자신이 직접 누군가를 가르치거나 토론하고 실습하는 등의 능동적 학습 방식은 효과성이 상대적으로 더 높게 나타납니다.

아주대학교 심리학과 김경일 교수님이 EBS와 함께 학업 성취도가 매우 우수한 학생들의 특징에 대해 다큐 프로그램을 제작했던 과정에 대해 강연한 영상이 있는데요. 그 영상에서도 이와 유사한 맥락의 내용을 확인할 수 있습니다.

요약하면 학업 성취도가 매우 우수한 학생들은 IQ나 부모님의 재력 등과 같은 요소에서 유의미한 차이를 보이지 않았다고 합니다. 제작진과 교수님 모두 특별한 요인을 찾지 못해 어려움을 겪다가 전교 1등인 친구들의 집에서 공통적으로 하나의 물건을 관찰하게 되었는데 그 물건이 바로 '칠판'이었다고 합니다.

지금 저희가 살펴보고 있는 내용에 '칠판'을 빗대어 보면 그만큼 남을 가르치는 능동적 학습 방식이 매우 효과적이라는 점을 생각해볼 수 있습니다.

이제 저성과 상태에 있는 구성원이 속해 있는 조직의 교육 훈련 방식을 떠올려봅시다. 많은 리더가 저성과 상태 구성원에게 교육에 참석해서 강의를 듣고 오라고 하거나, 관련 자료를 읽어보고 공부하라는 식의 접근이 가장 흔하게 관찰됩니다.

저성과 상태에 있는 구성원을 지원하려는 리더의 마음은 박수를 보내야 하는 것이 마땅하지만, 이와 같은 교육 훈련 방식이 효과성 측면에서 좋은 접근인지에 대해서는 다시 생각해볼 필요가 있습니다.

즉 효과적인 교육 훈련 활동[Retrain]을 진행하기 위해서는 능동적 학습 방식을 훨씬 더 많이 활용해야 합니다. 이해를 높여야 한다고 판단되는 이론이나 제도, 절차 등이 있다면 이를 단순하게 읽고 스스로 이해하는 데 그치지 말아야 합니다.

예를 들면, 본인이 학습하고 이해한 내용을 정리해서 주간 미팅 등의 자리에서 팀원들에게 강의를 한다든가, 신입 사원이나 경력 사원의 멘토 역할을 맡겨 그들에게 알려주는 역할을 부여하는 방식으로 접근해야 한다는 의미입니다.

또한, 작은 단위의 Task(업무)나 프로젝트를 배정하여 실제 업무 수행 과정에서 필요 능력을 습득하는 것을 촉진합니다. 그리고 그 과정에서 본인이 어려움을 느꼈거나 배운 점에 대해 동료들과 토론하는 시간을 정기적으로 가지도록 하는 것도 의미 있는 Retrain 활동으로 고려해볼 수 있습니다.

러닝 피라미드 이론을 활용한 업스킬링 능력 개발

샐리Sally는 소프트웨어 개발회사의 팀장입니다. 새로운 기술 스택이 도입된 후 업무 성과가 제대로 나지 않는 존John을 단기간에 훈련training할 수 있는 방법을 고민하고 있습니다.

존의 훈련 과정이 보다 효과적으로 진행될 수 있도록 러닝 피라미드의 원리를 기반으로 교육 훈련 활동을 준비하였습니다.

샐리는 가장 먼저 팀 내 Learning Group(학습 그룹)을 만들기로 하였습니다. 샐리는 Retrain 활동의 대상자인 존이 교육 훈련 활동을 수용적이고 긍정적인 자세로 참여할 수 있는 환경을 만드는 것이 중요하다고 판단했는데요.

그래서 이 학습 그룹을 만든 의도를 '새로운 기술 스택에 대한 지속적인 탐구와 학습을 추구하는 조직으로 거듭나는 것'으로 내세우며 구성원들에게 동일한 내용으로 소통하였습니다(존에 대한 Retrain이 1차 목표였으나 철저하게 리더 본인만 인식하고 나머지 구성원들은 절대 알지 못하게 하였다고 합니다).

학습 그룹 이름도 'HTEHot Tech Explorer'로 정하여 그 의미를 강화하였습니다. 샐리는 이 학습 그룹Learning Group의 학습 과정에서 러닝 피라미드의 원리가 보다 잘 반영될 수 있게 주요 운영 규칙을 제안했습니다.

① 학습한 내용에 대해 관련 아이디어를 교환하는 주간 토론 세션 운영

② 학습한 기술 스택의 특정 부분에 대한 소규모 WS(워크숍) 진행

③ 진행 중인 프로젝트에 학습 내용을 최소 월 1건 이상 적용한 후 결과 공유

④ 기술 스택 분야별 상호 멘토링 운영

⑤ 샐리는 이 활동에 시간이 허락하는 한 수시 참여

이 사례를 알파벳과 영문 이름으로 기술했지만, 구성원의 저성과 상태로 인해 고충을 겪었던 실제 리더의 사례입니다.

리더인 샐리는 저성과 상태의 구성원(존)이 새로운 기술 스택을 기대보다 훨씬 더 빠르게 학습하게 되었고, 나머지 구성원들도 최신 기술 트렌드를 열심히 학습하고 업무에 적용하며 팀 전체의 역량이 강화되는 계기가 되었다는 이야기를 전해주었습니다(그리고 큰맘 먹고 자신의 아이를 위해 집에 전자 칠판을 구매했다는 이야기도 전해주었습니다).

저 개인적으로도 매우 기쁘고 뿌듯한 사례 중 하나인데, 이 사례가 리더 분들께 효과적이고 전략적인 Retrain 활동으로 참고될 수 있기를 기대합니다.

1. Retrain 단계는 Resupply 단계와 매우 밀접한 영향을 주고 받기 때문에 이를 고려하여 연속적 관점에서 접근해야 합니다.

2. Retrain은 저성과 상태에 있는 구성원이 과업을 수행하는 데 있어 필요한 역량을 확보할 수 있도록 교육, 훈련을 진행하는 단계입니다.
   ① 교육 훈련 유형 중 비교적 좁게 타깃팅된 영역에 대해 짧고 집중적인 형태로 교육 훈련을 진행하는 Upskilling을 중심으로 접근하는 것이 필요합니다.
   ② 필요 능력 List 정의 시 해당 과업을 수행하기 위한 절대적 기준 차원으로 접근하는 것이 보다 타당한 접근입니다(Essential Skills & Absolute Benchmark).
   ③ 개발이 필요한 능력 List 진단 시 자기 평가 → 이해관계자 평가 → 평가 주체 간 Gap 과다 항목 추가 검증의 순으로 접근합니다.
   ④ 추가 검증이 필요한 경우 해당 능력과 연관되어 있는 작은 단위의 프로젝트나 Task를 부여하여 검증 활동을 진행합니다.

3. 러닝 피라미드 이론을 활용하여 보다 효과적인 Retrain 활동을 진행할 수 있습니다.
   ① 러닝 피라미드 이론에서는 누군가를 가르치거나, 실제 프로젝트 수행을 통해 실습하고 그 과정에 대해 토론해보는 능동적 방식이 수동적 학습 방식(강의 듣기, 읽기 등)보다 학습 효과성이 더 높은 것으로 나타납니다.
   ② 동료들에게 본인이 학습한 내용을 강의하거나 알려주게 하는 방식, 작은 단위의 Task나 프로젝트 수행 과정에 본인이 직접 적용하고 느낀 시사점을 동료들과 토론하며 코칭을 받는 방식 등을 통해 보다 효과적인 Retrain 활동을 진행할 수 있습니다.

9장

3단계 과업 조정 단계:
Refit

이제 3단계 Refit에 대한 내용을 살펴보겠습니다.

앞서 Resupply와 Retrain 단계가 저성과 상태에 있는 구성원이 수행 중이었던 과업을 유지한 채 개선 활동을 진행한 것이었다면, 3단계 Refit 단계는 과업을 조정하는 단계로 앞 단계들에 비해 변화의 폭이 좀 더 큽니다.

Refit 단계는 저성과 상태에 있는 구성원이 소속 조직이나 맡은 직무에서 요구되는 역할, 기술, 지식 등을 유지하되 개인 특성-과업 Fit을 강화하는 접근입니다.

개념적으로 좀 복잡하게 느껴질 수 있어 다음 간단한 사례를 통해 Refit에 대한 개념을 이해해보겠습니다.

개발자 알렉스 이야기

알렉스는 의료 장비 업체인 MK사에 파견을 나가 있는 소프트웨어 개발자입니다.

의료장비 업체는 산업 특성상 매우 보수적이어서 모든 영역에 대해 높은 신뢰성을 요구하는 편입니다.

올해 MK사는 허리질환 치료기 시장에서 허리디스크 진단 및 치료 로드맵Roadmap을 고객 맞춤형으로 제시하는 것을 중점 과제로 삼고, 관련 소프트웨어를 개발하기로 결정하였습니다. 이는 의료 업계에서 최초로 시도되는 것으로 의료 업계를 타깃으로 하는 만큼 높은 신뢰성을 가진 프로그램으로 개발해야 하는 도전적인 과제입니다.

프로젝트가 시작되었으나 소프트웨어 개발 성과는 매우 지지부진한 상황입니다. 소프트웨어 개발에 필요한 각종 자원과 개발 시 활용되는 기술 스택 등의 측면에서 큰 문제가 없었지만, 기대만큼 알렉스의 개발 성과가 잘 나오지 않았습니다.

결국 MK사에서 알렉스의 회사 리더에게 업무 진척이 잘되지 않는다는 피드백을 보냈습니다. 그리고 리더는 알렉스의 개발자 역량 평가 결과를 바탕으로 알렉스와 별도의 개별 면담 과정을 가졌습니다.

그 결과, 알렉스는 기존의 프로그램 알고리즘을 분석하고, 고객 요구사항에 맞게 리뉴얼하는 역량이 우수했고, 개인적 흥미도 높은 편으로 나타났습니다.

하지만 기존에 시도되지 않아 백지에서 새롭게 개념을 설계해야 하는 일에 있어서는 흥미도 떨어지고 관련 역량도 평범한 수준으로 판단되었습니다.

이에 알렉스의 성과가 잘 나지 않는 원인을 '개인 특성-과업 Fit(핏)'이 맞지 않아 발생한 것으로 판단하고, 알렉스가 개발된 프로그램의 알고리즘을 리뉴얼하거나 고도화하는 것 중심으로 업무 범위를 재조정하기로 결정하였습니다.

Refit이 요구되는 영역의 개념적 특성을 다음 매트릭스를 통해 살펴보겠습니다(그림 14).

알렉스의 사례를 통해 이 매트릭스를 살펴보면, 알렉스가 개발자로서 활용하는 기존의 기술 스택은 유지되고 있습니다. 다만, 기존에 시도되지 않았던 영역에서 새롭게 개념을 설계해야 하는 과업 특성이 알렉스의 적성과 Fit(적합)하지 않아 수행하는 과업을 회색 화살표 방향으로 조정하기로 결정한 모습입니다.

다시 정리하면, Refit은 자원이나 교육 훈련의 이슈가 아닌 개인의 특성과 과업의 Fit이 맞지 않아 이슈가 발생하게 되는 경우입니다. 그래서 Refit 차원의 조치는 기존에 활용되는 능력(지식,

[그림 14] Refit이 요구되는 영역의 개념적 특성

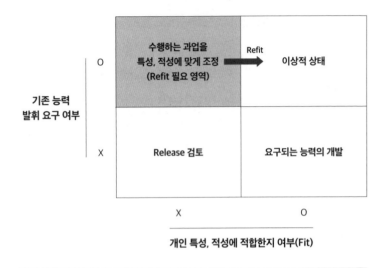

스킬 등)은 유지하되 개인의 적성이나 특성에 보다 부합하는 방향
으로 조직 내에서 과업의 범위를 조정하는 식으로 이루어집니다.

그럼 Refit 활동을 보다 효과적으로 수행할 수 있는 구체적인
내용을 살펴보겠습니다.

저성과 상태에 있는 구성원 개인의 특성 및 적성을 어떻게 파악할 것인가?

Refit 단계는 과업 수행에 필요한 능력은 그대로 유지한 채 개인의 특성과 적성에 맞춰 과업을 조정하는 단계입니다. 따라서 저성과 상태에 있는 구성원 개인의 특성과 적성을 잘 파악하는 것이 가장 중요합니다. 이에 대한 접근방식을 고민할 때 다음 '조하리의 창'을 활용해보겠습니다.

[그림 15] 조하리의 창

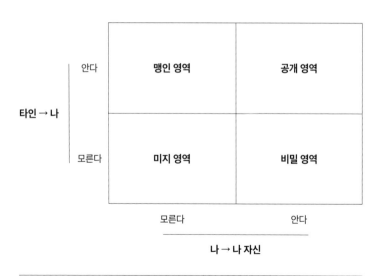

[그림 15]에서 보듯이, 조하리의 창은 타인이 나에 대해 '안다/모른다', 내가 나에 대해서 '안다/모른다'라는 관점을 2×2 매트릭스 형태로 표현한 것입니다.

타인과 나 모두 알고 있는 영역은 '공개 영역', 타인은 나에 대해 알지만 나는 알지 못하는 영역은 '맹인 영역', 나는 나에 대해 알지만 타인은 모르는 '비밀의 영역', 타인과 나 모두 알지 못하는 '미지의 영역'으로 구성되어 있습니다.

개인의 특성과 적성을 파악할 때, 저성과 상태에 있는 구성원이나 그를 파악하고자 하는 리더(타인) 중 한쪽의 의견만을 갖고 파악하기보다는 나와 리더(타인) 상호 간 깊은 이해 속에서 접근할 때 그 타당성은 훨씬 높아질 것입니다.

이 모습을 '조하리의 창' 이론을 활용하여 개념적으로 표현하면, 다음 그림과 같이 비밀의 영역과 맹인의 영역을 줄이고 공개된 영역을 넓혀가는 모습으로 표현될 것입니다(그림 16).

이 그림에서 표시된 ⓐ와 ⓑ 각 방향으로 효과적인 이동이 이루어지는 것을 촉진할 수 있는 구체적 활동과 방법들을 살펴보겠습니다.

[그림 16] 조하리의 창에 비추어본 개인 특성 및 적성 파악을 위한 필요 활동과 노력

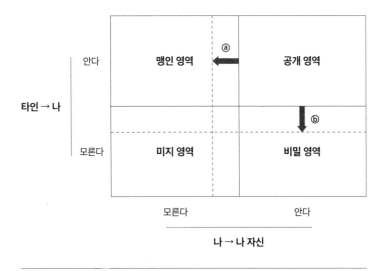

방향 ⓐ

방향 ⓐ는 (타인에게는 보이지만) 저성과 상태에 있는 구성원이 자기 스스로에 대해 잘 알지 못하는 맹인의 영역을 줄이고, 공개 영역을 늘리는 접근입니다.

이 방향이 원활하게 이루어지려면 어떤 조건과 활동이 필요할까요?

저성과 상태에 있는 구성원이 본인 스스로에 대해 잘 알지 못하는 부분을 인식할 수 있게 도우려면, 리더(타인)가 저성과 상태

에 있는 구성원에 대해 알고 있는 내용을 피드백하는 것이 필요합니다.

다만, 리더 본인이 알고 있는 내용을 피드백하는 것만으로 맹인 영역이 줄고, 공개된 영역이 넓어질 수 있을까요?

일부는 분명 효과가 있겠지만, 이것만으로 충분하지는 않을 것입니다. 이 행위가 필요충분조건이 되기 위해서는 피드백을 받는 저성과 상태의 구성원이 수용적 자세와 성찰을 할 때 비로소 성립될 수 있기 때문입니다.

즉 리더는 피드백을 줄 때 구성원의 수용성을 높이는 방법을 함께 고민해야 한다는 의미입니다. 성찰과 수용성을 높일 수 있는 피드백의 조건에는 여러 가지가 있겠지만, 현장 조직 운영 과정에서 리더가 고려하고 활용해볼 수 있는 세부 조건을 6가지로 정리해보았습니다.

세부 조건 1. 적절한 타이밍에 피드백을 제공해야 합니다.

저성과 상태에 있는 구성원이 해당 내용을 이해할 수 있는 시기를 잘 고려하여 진행하는 것이 중요합니다. 다만, 적절한 시기라는 것은 종합적 판단의 영역이기 때문에 단순화해서 어느 때가 가장 적절하다고 말씀드리기는 어려운 것이 현실입니다.

다만, 피드백을 제공해야 하는 타이밍을 시점 측면으로 살펴보

저성과자로 고민하는 팀장에게

면, 피드백은 가급적 빠르게 이루어질수록 좋습니다. 시간이 지날수록 다양한 상황들이 추가로 발생하고 상황이 복잡해지기 때문에 시간을 끌기보다 가급적 빠르게 진행하는 것을 기본 원칙으로 삼아야 합니다. 특히, 개선이 필요한 구체적 이슈 상황에 대한 피드백일 경우 해당 내용이나 상황에 대해 당사자가 가장 높은 인식 수준을 갖고 있을 때 바로 진행하는 것이 가장 효과성이 좋다고 알려져 있습니다.

세부 조건 2. 피드백은 구체적이고 명확해야 합니다.

추상적이고 모호한 피드백은 피드백을 받는 저성과 상태의 구성원이 무엇을 어떻게 개선해야 할지 막막함을 낳을 확률이 높습니다. 따라서 피드백 내용에는 피드백을 받는 당사자가 본인의 행동을 명확히 이해하는 것을 넘어 구체적인 개선점까지 인식할 수 있어야 합니다.

구체적이고 명확한 피드백들을 잘 관찰해보면 '누가, 언제, 어디서, 무엇을, 어떻게, 왜'의 육하원칙 측면에서 내용이 소통되고 있는 경우를 관찰할 수 있습니다.

리더들께서도 피드백의 구체성과 명확성 측면에서 육하원칙을 활용해보는 것을 추천합니다.

세부 조건 3. 피드백은 Fact(사실)에 기반해서 이루어져야 합니다.

피드백을 줄 때 Factual Information(사실 정보)에 기반하여 피드백을 진행할 때 객관성이 더 높아질 수 있습니다. 하지만 우리는 피드백을 진행할 때 주관적인 견해나 감정을 완전히 배제하고 피드백을 진행하는 것이 현실적으로 불가능에 가깝다는 것을 경험적으로 알고 있습니다(사실 피드백을 진행할 때 리더의 주관적 견해나 감정이 완전히 배제되는 것은 불가능하다고 생각합니다).

다만, 주관적인 견해나 감정을 소통하기 전에 리더 입장에서 그러한 의견이나 느낌(또는 감정)을 갖게 된 Factual Information(사실 정보)을 반드시 사전적으로 언급하고 근거에 기반한 소통을 할 수 있어야 합니다. 근거에 기반한 피드백이 이루어질수록 상대방의 수용성은 높아집니다.

① 지난 주 주간 미팅에서 작년 어학교육 참가자 데이터를 정리해보자고 했는데, 작년 어학교육 담당자였던 MJ 님이 아무 말도 하지 않는 모습을 보면서 → Fact
② 제가 미리 언질을 주지 않고 불쑥 공개적으로 요청한 것 같아서 제 마음이 불편했어요. → Fact에 대한 나의 의견, 정서
혹시 MJ 님이 ③ 그 업무에 적극적으로 나서지 못했던 데에는 제가 고려하지 못했던 다른 이유가 있었던 것일까요? → 소통하고자 하는 내용

따라서 리더가 Fact와 의견을 구분하고, Fact를 근거로 삼아 리더 개인의 의견이나 느낌을 설명하려는 노력만 해도 피드백을 받는 사람 입장에서 객관성과 수용성이 훨씬 더 높아질 것입니다.

세부 조건 4. 피드백 과정에서 상호 소통이 활발하게 이루어져야 합니다.

피드백을 받는 사람이 피드백 받은 내용에 대해 자신이 이해한 바를 표현하고 질문하는 과정을 통해 활발하게 소통이 이루어져야 합니다. 피드백은 받아들이는 사람이 피드백의 구체적인 내용이 의미하는 바를 본인의 관점과 눈높이에서 충분히 잘 이해해야만 그 효과를 기대할 수 있습니다. 따라서 리더는 피드백이 이루어지는 과정에서 저성과 상태에 있는 구성원이 스스로 이해한 바에 대해 질문하거나 적극적으로 표현할 수 있는 환경을 조성하는 데 많은 노력을 기울여야 합니다.

세부 조건 5. 개선 의지를 꺾어 버리지 않을 정도의 적절한 양을 피드백합니다.

피드백의 양은 피드백을 받는 구성원이 받아들일 수 있는 만큼만 이루어져야 합니다. 지나치게 많은 양을 피드백하면 상대방에게 우선순위를 정하지 못하게 합니다. 뿐만 아니라, 거대한 양에 압도되어 어디서부터 무엇을 개선해야 할지 엄두가 나지 않아 개선 의지를 잃게 만들 수 있습니다. 따라서 리더는 피드백의 양이 적절한지 먼저 검토하고, 만약 그 내용이 많다고 판단되면 2~3가지 내외로 우선순위를 정해서 진행하는 것을 추천합니다.

세부 조건 6. 존중과 신뢰 기반의 피드백

피드백 장면에서 피드백을 받는 저성과 상태의 구성원이 피드백을 주는 리더로부터 느끼는 기본적인 정서가 있습니다. 개선하지 않으면 더 이상 기회는 없다는 식의 협박에 가까운 느낌부터 함께 힘을 합해서 이 상황을 극복하고 성장해보자는 지지자의 느낌까지 그 스펙트럼은 다양할 것입니다.

많은 리더가 공감하겠지만, 지금 단계에서의 피드백과 소통은 해당 구성원의 적성과 특성에 좀 더 적합한 과업을 찾는 것이 목적입니다. 따라서 해당 구성원이 갖고 있는 능력에 대해 리더가 신뢰하고 있다는 점을 적극적으로 표현하며, 적성과 과업 적합도^{Fit}가 높은 방향으로 업무 범위를 조정하는 과정에 있다는 식의 소통은 구성원의 성찰과 수용성을 높이는 측면에서 매우 효과적입니다.

성찰과 수용성을 높일 수 있는 피드백의 조건

- **적절한 타이밍:** 피드백을 받는 사람이 해당 내용을 이해할 수 있는 시점(타이밍)에 피드백을 제공합니다.
- **구체성 & 명확성:** 피드백을 받는 사람이 구체적으로 무엇을 개선해야 하는지 구체적이고 명확하게 피드백을 합니다.
- **Fact 기반:** 의견보다는 관찰했거나 확인한 사실Factual Information에 기반하여 피드백을 제공합니다.
- **상호 소통:** 피드백을 받는 사람이 피드백을 받은 내용에 대해 이해한 바를 표현하고 질문하며 상호 소통을 활발히 합니다.
- **적절한 양:** 우선순위를 두고 가장 중요한 내용 중심으로 피드백합니다 (지나치게 많은 양은 개선 의지를 저하함).
- **존중과 신뢰:** 상대방에 대한 신뢰와 존중을 기본으로, 상대방의 성장을 위해 갖는 시간임을 잊지 않습니다.

방향 ⓑ

방향 ⓑ는 리더가 구성원에 대해서 몰랐던 부분을 좀 더 알게 되어(구성원이 갖고 있는 비밀의 영역 감소) 공개 영역을 늘리는 접근입니다. 리더가 저성과 상태에 있는 구성원에 대해 좀 더 잘 알기 위해서는 어떤 조건과 활동이 필요할까요?

저성과 상태에 있는 구성원은 심리적으로 위축되어 있을 가능성이 크기 때문에 구성원이 자신의 이야기를 편하게 할 수 있는 여건과 환경을 만들어주는 것이 중요합니다. 구체적인 내용을 살펴보겠습니다.

여건과 환경 1. 심리적 안전감

과업 조정을 고려하고 있는 Refit 단계의 특성을 고려해봤을 때, 심리적 안전감은 해당 구성원이 본인의 이야기를 솔직하게 소통하기 위한 필수적인 요소라고 할 수 있습니다.

심리적 안전감을 만들기 위해서 리더는 해당 구성원에게 '비판보다는 공감적인 태도'를 보이는 것이 중요합니다.

개인 적성과 과업 간 적합도^{Fit}가 맞지 않아 조정을 해야 하는 리더 입장에서는 이 구성원을 만날 때 속마음이 마냥 좋지만은 않을 것입니다. 그리고 과업 조정의 상황까지 오기 전에 당사자가 스스로 개선하고 성찰했으면 하는 아쉬움도 적지 않을 것입니다.

리더 입장에서의 아쉬움과 답답함은 충분히 공감됩니다. 하지만 저성과 상태 구성원의 솔직한 이야기를 충분히 끌어내야 하는 이 순간만큼은 그 마음을 잠깐 넣어두셔야 합니다.

다음은 '비밀 보호'에 대한 약속이 필요합니다.

자신의 적성과 지금의 업무가 잘 맞지 않았던 이유를 본인의 입장에서 이야기하다 보면, 그 상황을 대하는 입장에 따라 조직의 시스템이나 특정 구성원을 비판, 비난하는 식의 이야기도 함께 언급될 가능성이 있습니다. 이러한 이야기조차도 본인의 입장에서 충분히 이야기할 수 있을 정도가 되어야 심리적 안전감이 확보되었다고 볼 수 있습니다.

따라서 모든 이야기는 철저하게 비밀 보호가 이루어지는 것에 대해 확실하게 약속하고, 그동안 맡은 과업이 자신의 적성과 잘 맞지 않았다고 생각하는 이유를 충분히 경청해야 합니다.

이러한 소통이 반복해서 몇 차례 이루어지면, 어느 때인가부터 구성원의 심리적 안전감이 형성되었다는 것을 확인할 수 있을 것입니다.

여건과 환경 2. 공감적 듣기

공감적 듣기는 바로 앞서서 이야기한 심리적 안전감과 매우 밀접한 연관성을 갖지만, 중요성이 높아 별도로 분리하였습니다.

당사자가 본인의 생각을 솔직하게 이야기하기 위해서는 대화하는 상대방의 태도가 큰 영향을 미칩니다. 대화를 들어주는 사람의 바람직한 모습을 보통 '경청'이라고 하는데요.

'공감적 듣기'는 자신의 이야기를 대화 상대방이 경청하고 있다는 느낌을 갖게 합니다. 보통 듣는 행위를 '듣는 수준'과 '태도'에 따라 나와 상대방의 관점으로 분류할 수 있습니다. 즉 듣는 척하거나, 선택적으로 본인이 원하는 정보에만 관심을 기울이며 듣거나, 공감하며 듣는 태도 등을 나의 관점과 상대방의 관점으로 나누어 볼 수 있다는 의미입니다.

[그림 17] 듣는 태도에 따른 관점 분류

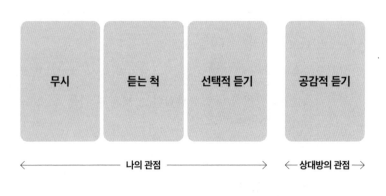

[그림 17]에서 보듯이, 듣는 척하거나 선택적으로 관심이 가는 것에 귀를 기울이는 것은 상대방의 이야기를 들어주는 태도가 아닙니다. 나의 필요에 따라 이루어지는 행위일 뿐이죠. 리더가 공감적으로 들어줄 때 구성원은 자신의 이야기를 충분히 들어준

다고 느끼게 됩니다.

공감적 듣기는 결국 리더가 구성원에 대해 공감할 수 있을 때 가능해질 텐데, 그 구체적인 방법을 Design Thinking(디자인 싱킹) 의 방식으로 살펴보겠습니다.

Design thinking에서 진짜 문제, 가치 있는 문제를 찾기 위한 첫 단계로 공감Empathize을 강조합니다. 구체적인 방식으로 관찰하기, 물어보기, 되어보기, 함께하기가 활용됩니다. 이를 구성원과의 활동에 적용해보면 구성원 관찰하기, 구성원에게 물어보기, 구성원 입장이 되어보기, 구성원과 함께하기로 접근할 수 있습니다.

Fact 중심으로 관찰하고, 객관적 사실을 기반으로 소통하는 것 은 앞에서 설명했으므로, 여기서는 구성원 입장이 되어보는 것에 대해서만 좀 더 구체적으로 살펴보겠습니다.

내가 만약 구성원이라면 지금 상황에서 어떤 마음이 들지, 어 떤 행동을 하고 싶을지 감정 이입을 해보는 것인데요. 각자의 성 향과 가치관이 다르기 때문에 단순히 그 입장이 되어보겠다는 의지만으로는 충분히 그 입장을 헤아리기 어려울 수 있습니다.

좀 더 효과적으로 그 구성원의 입장이 되어보기 위해서, 과거 에 내가 유사하게 겪었던 일을 빗대어 보는 접근을 할 수 있습니 다. 만약 내 경험에서 유사한 일을 떠올릴 수 없다면 그 구성원의 입장을 고려할 때 '낙관적/중립적/비관적' 3가지 측면으로 나누어 접근하는 것도 좋은 방식이 될 수 있습니다.

이처럼 다양한 관점으로 감정을 헤아린 상태에서 구성원의 표현이나 행동을 관찰하면, 구성원과 대화하는 과정에서 내가 이입해본 여러 입장이나 감정 중 어디쯤에 구성원의 마음이 머무르고 있는지 유추해볼 수 있습니다.

다음 [그림 18]은 이를 개념적으로 표현한 것입니다.

[그림 18] 낙관적/중립적/비관적' 3가지 측면으로 접근

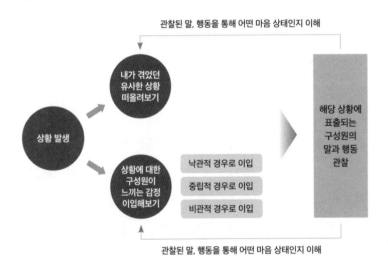

그림 출처: 『포지션에 기대지 않는 진짜 리더의 힘』 중 발췌

저성과자로 고민하는 팀장에게

저성과 상태 구성원이 적성에 맞는 과업으로 업무 범위를 조정하기 위해 리더가 소통 환경을 만드는 방식과 필요 행동 등에 대해 살펴보았는데요.

만약 좀 더 객관적으로 저성과 상태 구성원의 적성 및 특성 등을 파악하고 싶다면 버크만 진단과 같은 개인 특성 진단 도구를 활용해보는 것도 추천합니다.

적성 및 특성 파악을 위한 전문 진단 도구: 버크만 진단

버크만 진단 도구는 1951년 미국 심리학자 버크만이 개발한 개인 특성 진단입니다. 진단 대상자에 대해 흥미, 평소 행동, 욕구, 스트레스 행동을 포함하여 업무를 처리하는 모습 등을 통합적으로 분석하여 제시합니다(진단은 온라인으로 이루어집니다).

이를 통해 진단 대상자가 좋아하고 흥미를 느끼는 분야, 진로 탐색과 커리어 개발, 대인관계 및 소통 전략, 스트레스 관리 및 예방법 등을 확인할 수 있습니다.

따라서 저성과 상태 구성원에 대한 업무 조정을 위해 개인의 적성 및 특성을 보다 체계적이고 객관적인 도구를 통해 파악하고 싶다면 당사자와 협의를 통해 이러한 진단을 실행해보는 것도 좋습니다.

파악한 특성과 적성에 Fit한 과업을
어떻게 조정하고 부여할 것인가?

구성원의 적성과 특성에 대한 파악이 어느 정도 이루어졌다면, 과업을 조정해야 합니다. 적성과 특성을 파악했기 때문에 그에 딱 맞는 과업을 단순하게 Assignment(할당)하는 것으로 모든 문제가 해결될까요? 적성과 특성을 파악했더라도, 과업 조정을 할 때 리더가 반드시 고려해야 하는 두 가지 사항이 있습니다.

첫째, 새롭게 배분하는 과업은 구성원이 저성과 상태를 극복하고 있다는 것을 확인할 수 있는 과업인가?

둘째, 새 과업을 저성과 상태 구성원에게 배분함으로써 팀 차원의 균형과 조화에 또 다른 이슈가 발생하지 않는가(특히, 다른 구성원의 업무 과부하, 동기 상실, 저항 등)?

이 두 가지 사항을 조합하여 관점을 구성해보겠습니다.

[그림 19] Rifit 과업 조정 시 고려해야 할 관점

기본적으로 저성과 상태에 있는 구성원의 성장과 개선을 확인할 수 있고, 팀 차원의 균형과 조화를 유지할 수 있는 과업들을 과업 조정의 1순위로 고려해야 할 것입니다.

하지만 조직 운영 현실에서 1영역에 해당하는 과업들이 충분하게 존재할까요? 아마 그 가능성이 매우 작을 것입니다. 만약 1영역에 해당하는 조정 가능 과업이 있다면 그 리더는 정말 운이 좋다고 봐도 좋을 것입니다.

따라서 리더들에게 이 내용이 실질적인 도움이 되기 위해서는

2와 4영역에 해당하는 과업들로 조정해야 하는 일이 훨씬 더 높은 확률로 일어날 것이라는 점을 인정해야 합니다. 그리고 2와 4영역의 과업으로 조정해야 할 때 어떤 점을 신경 써서 접근할 것인지에 대해 논의하고 고민하는 것이 필요하다고 생각합니다.

그럼 두 개 영역(2, 4)에 대해 리더가 주요하게 고려해야 할 사항을 살펴보겠습니다.

2영역

2영역은 성장과 개선의 확인 가능성이 커서 과업 조정을 통해 구체적으로 무엇이 개선되고 있는지 확인하기에 매우 효과적입니다. 다만, 과업 조정으로 인해 팀 내 조화와 균형 측면에서 이슈가 발생하는 문제가 있는데요.

이 영역에서 가장 흔하게 발생하는 이슈는 역할 불균형, 자원 부족, 의사소통 효율 저하, 부정적인 경쟁과 갈등 조성 등의 4가지입니다.

과업을 조정하는 과정에서 일부 구성원은 기존보다 과도한 업무를 부담하게 될 확률이 높습니다. 리더가 역할 불균형 상황에 처하게 되는 구성원들에게 필요한 자원을 파악하여 제공하는 것도 필요한 활동이겠지만, 이것만으로 이슈가 해소되기는 어렵습니다.

저성과 상태의 구성원을 대상으로 Refit 활동 시 팀 내 조화 측면에서 발생할 수 있는 이슈

- **역할 불균형:** 과업 조정으로 인한 일부 구성원들의 과도한 업무 부담 발생 가능성
- **자원 부족:** 과업 조정으로 인해 다른 구성원들이 필요한 자원과 지원을 제공받지 못할 가능성
- **의사소통 효율 저하:** 업무 분담의 변화나 역할의 변동으로 인해 정보 전달이 누락되거나 오해 발생
- **부정적인 경쟁과 갈등:** 특정 구성원의 역할 조정으로 인한 팀 내 경쟁 분위기 조성(협력 저하)

그래서 리더는 몇 가지 전략적 활동을 수행해야 하는데요.

우선 과업 조정을 검토하는 단계부터 구성원들을 참여시켜야 합니다. 전반적인 상황에 대해 공유하고, 이를 가장 효과적으로 개선할 수 있는 방안을 함께 논의함으로써 나머지 구성원들이 피해자(?)가 아닌 동업자(?)가 되는 것이죠.

물론 이 과정에서 또 다른 이해관계가 상충하여 시간이 지연되는 등의 기타 이슈가 발생할 수 있습니다. 하지만 팀 전체의 문제로 여기고 그 해결안을 함께 논의해온 만큼 나머지 구성원들의 수용성이 높을 것이고, 이 조치가 효과적으로 작동될 수 있게

만드는 팀 차원의 노력도 배가될 것입니다.

다음으로는 조직 차원의 기여와 헌신에 대해 리더가 실질적으로 인정할 수 있어야 합니다. 조직 내에서 리더가 활용할 수 있는 것은 금전적 보상, 평가, 성장감 및 자부심과 결부되는 인정 등이 있습니다. 이때 가급적 불균형 상황에 처하게 되는 구성원이 가치를 부여하고 있는 것과 인정의 대가가 일치하는 것이 좋습니다.

마지막으로 나머지 구성원들의 성장과 역할 확장의 계기로 삼아 소통해야 합니다. 저성과 상태에 있는 특정 구성원의 이슈 해소를 위한 조치로 이 활동이 정의되는 것은 곤란합니다. 나머지 구성원들은 이 과업 조정 활동이 각자의 성장과 역할 확장의 계기로 인식할 수 있게 리더가 프레이밍Framing을 잘 설계해야 합니다.

예를 들면, 기존에 수행하지 않았던 과업을 새롭게 수행함으로써 각자의 경험을 전반적으로 확장해 나가자는 프레이밍이 이루어질 수 있습니다. 그리고 자신이 맡은 일만 수행하던 것을 넘어 조직 전체의 효과성을 강화해 나가자는 식으로 프레이밍이 이루어질 수도 있습니다.

과업 조정 행위를 건전하고 미래지향적인 프레이밍으로 설계하여 저성과 상태 구성원에 대한 부정적 인식이 최소화될 수 있게 한다면 과업 조정 후 조직의 운영 효과성은 훨씬 더 높아질 것입니다.

역할 불균형 외의 이슈인 자원의 부족, 의사소통 효율 저하, 부정적 경쟁과 갈등 조성 등은 7장의 Resupply 단계에서 리더가 접근할 수 있는 구체적인 내용으로 설명했습니다. Refit을 실행함으로써 나머지 구성원들이 이러한 이슈에 처하게 될 수 있다는 사실을 인지하고, 각 영역별로 구조화된 접근으로 이슈를 해소해야 한다는 점을 유념하시기 바랍니다.

4영역

4영역은 팀 차원의 조화와 균형은 유지되나, 저성과 상태에 있는 구성원이 Refit 이후 구체적으로 무엇이 개선되는지를 파악하기 어려운 이슈가 발생하는 영역입니다. 이는 과업의 속성으로 인해 발생하게 될 확률이 큽니다.

과업 조정 이후 개선 사항을 파악하기 어려운 한 팀장의 사례

앤은 회사에서 인재 육성 업무를 담당하고 있습니다.

인재 육성 업무는 크게 육성 기획, 교육 프로그램 개발, 교육 프로그램 운영 등으로 구성이 되는데 앤은 교육 프로그램 운영 업무를 맡고 있었습니다.

교육 프로그램 운영을 위해서는 외부 강사와 교육 니즈에 대해 긴밀하게 소통할 수 있어야 하고, 일부 내용에 대해서는 교육 담당자가 직접 강사와 같이 퍼실리테이션Facilitation을 수행해야 하는데 앤은 이 업무에 대해 큰 부담감을 느끼고 있었습니다.

같은 주제의 교육 프로그램임에도 불구하고 앤이 담당하는 과정의 품질 수준은 다른 동료 구성원보다 낮게 나타났고, 앤이 담당하는 교육에 참여하는 내부 구성원들의 불만족도 커졌습니다.

이에 한 팀장은 앤이 사람들과 직접 대면하고 소통해야 하는 과업이 적성에 맞지 않다고 판단하여 육성 기획 분야로 업무를 조정하였습니다.

그런데 육성 기획 업무는 운영 업무처럼 참여자들의 반응 등을 통해 과업 수행의 품질을 확인할 수도 없고, 개념적인 내용을 제안하는 일이다 보니 아웃풋 측면에서도 앤이 잘 적응하며 과업을 수행 중인 것인지 판단하기에 애매모호한 경우가 많습니다.

한 팀장은 팀의 여러 가지 복잡한 상황 속에서 어렵게 과업 조정 조치를 한 만큼 그 효과를 확인하고 싶은데 어떻게 하면 좋을지 고민입니다.

이 사례에서 보았듯이, 과업 조정을 한 후 그 조치가 효과적이었는지 검증하는 것도 만만치 않습니다. 특히 그 과업이 즉각적인 결과가 나타나거나, 품질을 측정할 수 있는 성격이 아닌 과업일 경우 그 어려움이 더욱 강하게 나타나게 됩니다. 어떻게 접근하면 좋을까요?

과업 조정의 타당성을 확인하기 위해서는 측정^{Measure} 가능한 목표를 설정하여 해당 구성원과 합의하고, 짧은 주기로 과업의 Progress(진전)에 대해 확인하는 소통 절차를 가져야 합니다. 그리고 마지막으로 저성과 상태에 있는 구성원 당사자와 주변 동료들에게 과업 조정에 따른 직·간접적인 평가를 적극적으로 들으며 추가로 필요한 조치가 있는지 고민해야 합니다.

과업 조정의 타당성을 합의하기 위한 내용을 세부적으로 살펴보겠습니다.

첫째, 측정 가능한 목표를 설정하고 합의하라.

개념적인 과업일수록 측정 가능한 수준으로 과업을 나누어 목표를 설정하고 합의해야 합니다. 앞에서 예로 든 육성 기획 업무를 측정 가능한 목표로 설정한다면 어떻게 할 수 있을까요?

앤의 과업 조정 시 제안 목표(인재 육성 기획)
리더십, 직무 영역에서 신규 육성 어젠다 기획 제안
제안 어젠다의 실행력 강화 및 트래킹
교육 운영 실무 담당자 니즈 기반 기획 활동
분야 별 외부 전문가 풀 구축

이와 같이 목표를 합의했다고 가정해봅시다. 신규 육성 어젠다 Agenda를 기획 제안하고, 제안된 어젠다의 실행력을 강화하며, 어젠다 기획 시 실무 담당자의 니즈를 기반으로 활동을 수행하는 것 등을 담고 있습니다.

업무 특성이 기획이어서 이 정도만 정의해도 구체적이라고 생각할 수 있는데, 저성과 상태 구성원에 대한 과업 조정 시에는 반드시 '모든 목표는 측정 가능해야 한다'는 명제를 적용해야 합니다.

이 목표를 성공적으로 달성했는지 여부를 판단할 수 있도록 다음과 같이 보완할 수 있습니다.

앤 과업 조정 시 제안 목표(인재 육성 기획)	MoS(Measure of Success)
리더십, 직무 영역에서 신규 육성 어젠다 기획 제안	1건 이상 발제 및 제안 / 주
제안 어젠다의 실행력 강화 및 트래킹	제안 어젠다 통과 비율 10% 이상 / 분기
교육 운영 실무 담당자 니즈 기반 기획 활동	기획 업무에 대한 팀 내 긍정 평가 비율 70%
분야 별 외부 전문가 풀 구축	각 분야 별 신규 강사 3명 이상 발굴

측정 가능한 목표가 설정되면 해당 구성원도 보다 구체적이고 명확한 목표 의식 속에서 과업을 수행할 수 있게 됩니다. 그리고 리더도 과업 조정 후 원활하게 과업이 수행되고 있는지 점검할 수 있는 가능성이 훨씬 더 커집니다.

둘째, 짧은 주기로 확인하고 소통하며 Progress(진행)를 점검하라.

측정 가능한 목표를 확인하는 것과는 별개로, 과업을 수행하는 과정을 자주 점검하고 소통하는 것이 필요합니다.

여러 가지 어려운 여건 속에서 해당 구성원의 저성과 상태 극복을 위해 과업 조정을 한 것이기 때문에 이 조치가 최대한 안정적이고 빠르게 효과를 발휘하는 것이 리더 입장에서 매우 중요하기 때문입니다.

따라서 단순하게 과업을 부여하고, 결괏값으로만 판단하기보다는 업무를 어떤 생각과 방식으로 수행하고 있는지, 세부 이슈에 대해 어떻게 대응하고 있는지를 정기적으로 확인하며 해당 과업을 좀 더 밀도 있게 이뤄지게 할 필요가 있습니다.

셋째, 당사자와 주변 동료의 직·간접적 평가를 들어라.

마지막으로 당사자와 주변 동료의 직·간접적 평가를 청취하는 것입니다. 이 단계에서의 평가는 정형화된 평가라기보다는 과업 조정 이후에 저성과 상태의 구성원이 느끼는 효과성과 정서를 확인하는 것에 그 목적을 두어야 합니다. 또한 당사자뿐만 아니라, 주변 동료 구성원들을 통해서도 '해당 구성원이 일하는 과정에서 어떤 점이 나아졌는지', '과업 조정의 효과가 있다고 판단하는지', '조직 운영상 추가적으로 보완해야 할 점이 없는지' 등을 소통하는 것을 추천합니다.

저성과자로 고민하는 팀장에게

핵심 요약

1. Refit 단계는 저성과 상태에 있는 구성원이 소속 조직이나 직무에서 요구되는 역할, 기술, 지식 등을 유지하되 개인의 특성에 적합한 과업으로 개인 특성-과업 Fit을 강화하는 접근입니다.

2. Refit 활동을 보다 효과적으로 수행하기 위한 핵심 과제
   ▶ 저성과 상태에 있는 구성원 개인의 특성 및 적성을 어떻게 파악할 것인가?
   ▶ 파악한 특성 및 적성에 Fit한 과업을 어떻게 조정, 부여할 것인가?

3. 저성과 상태에 있는 구성원 개인의 특성 및 적성 파악
   ▶ 나와 리더(타인) 양측 모두 상호 간 깊은 이해 속에서 접근할 때 그 타당성은 훨씬 높아집니다(비밀&맹인 영역 감소).
   ▶ 맹인 영역 감소: 타이밍, 구체성, 명확성, Fact 기반, 적절한 양, 존중과 신뢰 등이 기반이 되는 피드백을 제공해야 합니다.
   ▶ 비밀 영역 감소: 심리적 안전감, 공감적 듣기 등을 통해 구성원이 본인의 이야기를 충분히 소통할 수 있게 해야 합니다.

4. 파악한 특성 및 적성에 Fit한 과업의 부여
   ▶ Assignment되는 과업은 저성과 상태에 있는 구성원이 해당 과업에서 본인의 능력을 제대로 발휘하며 저성과 상태를 극복하고 있다는 것을 확인할 수 있어야 합니다(측정 가능한 목표 설정 및 합의, 주기적 점검, 직·간접적 평가 확인 등).
   ▶ Refit으로 인한 팀 내 과업 조정 시 팀 차원의 균형과 조화에 이슈가 없는지 확인하여 역할 불균형, 자원 부족, 의사소통 효율 저하, 부정적 경쟁과 갈등 문화 방지 등에 대해 적합한 조치를 취할 수 있어야 합니다.

10장

4단계 과업 조정 단계: Reassign

지금부터 살펴보고자 하는 Reassign 단계는 기존 과업에서 요구되는 역할, 기술, 지식 등이 필요로 되지 않으면서, 개인의 특성(흥미, 강점 등)을 살릴 수 있는 직무 영역으로 직무를 재할당하는 조치입니다.

앞서 살펴본 Refit은 업무 수행 과정에서 요구되는 역할, 기술, 지식 등을 유지한 상태로 개인의 특성이나 적성에 맞춰 직무를 재조정하는 접근이었기 때문에 소속된 조직 내에서 접근하는 경향이 강했습니다. 이에 반해 Reassign은 Refit 단계에서 파악한 저성과 상태 구성원의 적성과 특성을 고려하되, 기존에 요구되지 않았던 새로운 역할, 기술, 지식까지 고려하며 조정하는 방식입니다. 때문에 과업 조정의 범위가 현재 소속된 조직을 벗어나는 경향이 강하다는 차이가 있습니다.

[그림 20] 기존 조직 → 담당 조직 외부

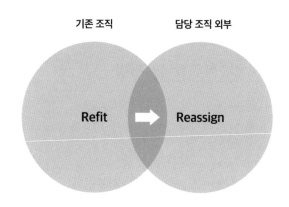

조직 운영 현장에서는 주로 직무 전환과 같은 모습으로 나타나는 것이 일반적입니다. 따라서 이 단계는 리더가 담당하는 조직 내부의 노력만으로 해결하기에 현실적 어려움이 크고, 리더 본인의 상위 조직장이나 HR 등 유관부서의 도움을 받아 접근하는 것이 보다 실질적입니다.

이 단계의 효과적 실행을 위해서는 저성과 상태에 있는 구성원의 적성과 특성에 적합한 새로운 직무 영역을 탐색해야 합니다. 그리고 그 과정에서 상위 조직장이나 HR 차원의 협력을 끌어낼 수 있는 소통과 변화 관리 활동이 요구됩니다.

그럼, 본격적으로 개별 내용을 살펴보겠습니다(구성원 적성 및 특성 파악은 Refit 단계에서 파악되었음을 전제하고 생략합니다).

활동 1. 새로운 직무 영역의 탐색

새로운 직무 영역을 탐색할 때 다음 두 가지를 고려해야 합니다.

첫째, 당사자가 흥미를 느낄 수 있는 직무인가?

존 홀랜드John L. Holland의 '진로탐색검사'는 직업 심리, 직업 상담 분야에서 매우 활발하게 활용되고 있는 검사 도구입니다. 개인이 갖는 직업적 성격 유형을 6개로 구분해 각 유형별로 쉽게 적응하고 성공하기 유리한 직업을 제시하는 검사인데요.

이 결과 전체를 활용하기보다는 검사를 통해 구성원이 갖고 있는 성격 유형의 특징을 확인하고, 그 특징을 기반으로 당사자가 흥미를 느낄 만한 직무를 고려하는 접근을 추천합니다(워크넷 등의 사이트에서 무료로 진행할 수 있습니다).

홀랜드 직업 탐색 검사 6가지 유형별 특징 요약

1. 현실형Realistic

- 솔직함, 성실함, 과묵함, 지구력, 검소함, 수줍음, 비사교적
- 엔지니어, 직업군인, 운동선수, 비행사, 운전사

2. 예술형Artistic

- 풍부한 상상력, 자유분방, 정서적, 예민, 충동, 자기중심적, 개방적, 직관적
- 가수, 작곡가, 프리랜서, 디자이너, 배우

3. 사업형Enterprising

- 논쟁, 모험, 야심, 정력, 설득, 지배, 낙천, 사교, 충동적, 자신감, 권력, 지위, 존경
- 정치가, 관리자, 영업사원, 감독, 판사, 검사, 변호사

4. 사회형Social

- 협동, 포용, 온정, 사교, 진실, 설득, 인간 이해, 언어기술, 대인 관계 기술
- 교사, 상담가, 사회복지사, 종교 지도자, 교사, 치료사

5. 관습형 Conventional

- 정확, 세밀, 조심, 계획성, 꼼꼼함, 책임감, 심적, 규범, 지속, 실천, 정리, 조직화
- 분석가, 행정가, 은행가, 프로그래머, 번역사

6. 탐구형 Investigative

- 합리, 분석, 비판적, 추상, 독립, 호기심, 창의, 신중, 정확, 추상적 개념
- 과학자, 교수, 학자, 의사

그리고 직무 후보를 탐색할 때는 내부적으로 상사나 동료, 유관부서, HR 조직 등의 도움을 통해 각 직무에 대한 정보를 수집할 수 있습니다.

이해관계자로부터 직무별로 어떤 능력이 요구되는지, 활용하는 도구는 무엇인지, 일하는 방식과 문화는 어떤지 등을 듣기 때문에 탐색하는 직무를 현실적이고 깊이 있게 이해할 수 있다는 장점이 있습니다(HR을 통해 지원을 받는 방식을 가장 추천합니다).

둘째, 보유하고 있는 능력이 일부라도 응용하고 활용할 수 있는 직무인가?

개인의 적성 및 특성을 이해하고, 내부 채널을 활용하여 후보 직무에 대한 이해도를 높일수록 당사자가 어떤 직무에 흥미를 좀 더 느낄 수 있을지 구체화하며 Reassign 대상의 직무 풀^{Pool}을 1차적으로 도출하기에 용이합니다.

우선순위를 수립할 때는 저성과 상태의 구성원이 보유하고 있는 지식이나 기술을 응용하고 활용할 수 있는지 여부를 고려하는 것을 추천합니다. 당사자가 보유하고 있는 능력을 응용하고 활용할 수 있는지 여부를 보는 이유는 기존의 직무에서 활용했던 능력을 응용하거나 활용할 수 있는 경우 당사자가 보다 자신감을 갖고 새로운 직무에 좀 더 원활하게 적응하는 데 유리하기 때문입니다.

또한, 당사자가 본인의 성장과 도전 가능성을 가늠해볼 때도 익숙하게 활용해왔던 능력이 그 요소로 고려되기 때문에 당사자 개인 입장에서도 긍정적으로 받아들여지기도 합니다.

Reassign 차원에서 직무를 검토하여 커리어를 전환한 사례

IT 회사에서 3D 모델링 업무를 수행하던 구성원에 대해 Reassign 차원의 직무를 검토하였습니다. 개인의 흥미나 적성 등을 고려하여 1차 후보 직무 풀을 도출하였는데 그 후보에 홍보 업무가 있었습니다. 홍보 업무와 3D 모델링은 그 성격이 완전히 다른 직무이기 때문에 홍보 업무에 요구되는 기본 지식과 스킬 등은 별도로 배우고 학습을 수행해야 했습니다.

그러나 홍보팀 내에서 구성원 대상으로 사내 홍보 자료를 제작하는 업무를 담당할 경우 본인이 아티스트로서 보유한 능력을 응용하고 활용하여 홍보 업무에 보다 효과적으로 적응할 수 있겠다는 결론을 내릴 수 있었습니다.

왜냐하면 기존에 아티스트로서 자료를 시각적으로 구성하고 만들어내는 능력은 비전문가 집단보다 훨씬 높은 전문성을 보유하고 있었기 때문입니다. 그 구성원은 이 능력을 십분 발휘하여 사내 홍보 자료, 시각 콘텐츠 제작 등에 강점을 발휘할 수 있었습니다.

3D 모델러로서는 어려움을 겪었지만, 홍보 자료를 기획하고 제작하는 방향으로 커리어를 전환하여 조직과 개인 모두에게 새로운 가능성을 발견하고 제시한 사례입니다.

[그림 21] Reassign을 위한 후보 직무 탐색 절차

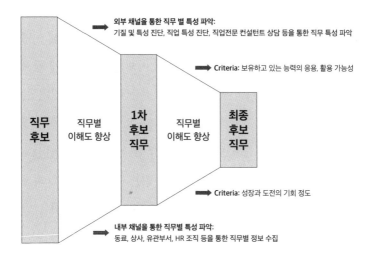

외부 채널을 통한 직무 별 특성 파악:
기질 및 특성 진단, 직업 특성 진단, 직업전문 컨설턴트 상담 등을 통한 직무 특성 파악

Criteria: 보유하고 있는 능력의 응용, 활용 가능성

| 직무 후보 | 직무별 이해도 향상 | 1차 후보 직무 | 직무별 이해도 향상 | 최종 후보 직무 |

Criteria: 성장과 도전의 기회 정도

내부 채널을 통한 직무별 특성 파악:
동료, 상사, 유관부서, HR 조직 등을 통한 직무별 정보 수집

활동 2. 상위 조직장 및 HR 조직의 협력 확보

새로운 직무 풀Pool을 탐색한 후, 원활한 Reassign이 이루어지기 위해서는 상위 조직장이나 HR 조직의 협력을 확보해야 합니다. 특히, Reassign 단계부터는 리더가 자신의 상위권자와 적극적으로 소통하는 것이 중요한데요. 상위권자와 소통할 때에는 그동안 리더로서 조치해온 Resupply, Retrain, Refit 단계마다의 주요 활동과 결과를 제공하고 논의해야 합니다.

이는 저성과 상태에 있는 구성원에게 조직 차원에서 Reassign을 해야 하는 당위성을 확보해가는 과정이 되기도 합니다. 또한, 요청을 받는 상위자 입장에서도 그동안 리더가 현업 조직 운영 과정에서 취해온 다방면의 활동에 대해 이해하고 공감하게 됨으로써 이 사안을 지지자의 입장에서 지원해줄 확률도 높아집니다.

또 다른 한편으로 저성과 상태 구성원을 Reassign 차원에서 받아야 하는 상대 부서 입장도 고려해봐야 합니다. 그 부서 입장에서는 직무 경험이 거의 없는 것과 다름 없는 구성원이지만, 회사에서의 재직 기간이 어느 정도 되는 신입에 가까운 경력직을 받는 입장이기 때문입니다.

상상만 해도 난감하고 불편함을 느낄 확률이 큽니다.

이러한 이해관계를 보다 효과적으로 조정하고 조율해줄 수 있는 역할은 좀 더 큰 영향력을 가진 상위 리더를 통해 이루어져야 합니다. 이때 상위 리더가 그간의 과정에 대해 충분한 이해를 하고 있어야 유관부서와의 협의 과정이 좀 더 원활하게 진행될 수 있을 것입니다.

대부분의 리더가 공감하겠지만, Reassign 단계에서 HR 조직의 공동 참여 및 개입도 필수적으로 이루어져야 합니다. 왜냐하면 Reassign은 단순하게 직무와 소속 부서 변화만으로 효과를 보기 어렵고, HR 차원의 지원과 협조가 반드시 수반되어야 하기 때문입니다.

예를 들면, 새로운 직무에 잘 적응할 수 있도록 Reskilling(리스
킬링, 재학습) 차원의 교육 활동이 병행되어야 합니다. 또한, 저성
과 상태에 있는 구성원을 받게 되는 부서에 인원 TO를 확대하거
나, 평가 등급을 예외로 운영하는 등의 지원을 HR에서 병행한다
면 저성과 상태 구성원의 전환 배치가 보다 원활하게 이루어질
수 있습니다.

핵심 요약

1. Reassign 단계는 기존 과업에서 요구되는 역할, 기술, 지식 등이 필요로 되지 않으면서, 개인의 특성(흥미, 강점 등)을 살릴 수 있는 직무 영역으로 직무를 재할당하는 조치입니다.
   ▸ 과업 조정의 범위가 현재 소속된 조직을 벗어나는 경향이 강합니다(나의 조직 → 타 조직으로의 이동).

2. 리더가 담당하고 있는 조직 내부의 노력만으로 접근하기에 현실적 어려움이 크고, 본인의 상위 조직이나 유관부서, HR의 도움을 받아 접근하는 것이 보다 실질적이고 효과적입니다.

3. Reassign의 효과적 실행을 위해서 파악된 적성 및 특성에 적합한 새로운 직무의 탐색, 상위 조직 및 HR 차원의 협력 확보, 효과적 적응을 위한 변화 관리 등의 3가지 활동이 수반되어야 합니다.
   ▸ 직무 탐색 시 (1) 개인이 흥미를 느낄 수 있는 직무, (2) 보유하고 있는 능력과 지식이 일부라도 응용, 참고가 될 수 있는 직무, (3) 개인이 중·장기적으로 성장하고 도전할 수 있는 기회가 될 수 있는 직무 등과 연관될 수 있게 접근해야 합니다.
   ▸ 그간 담당 조직 차원에서 조치해온 Resupply, Retrain, Refit 단계마다의 주요 활동과 결과를 상위 리더에게 제공하고 논의해야 하며, HR 조직의 공동 참여 및 개입을 통해 육성, TO 확대, 평가 등급 보정 등의 조치를 병행하는 것이 필요합니다.
   ▸ 새롭게 맡게 된 직무 영역에 안정적으로 적응하기 위해 본인 스스로 왜 변화해야 하는지, 구체적으로 무엇을 달성해야 하는지, 그것을 어떻게 점검하고 확인하며 촉진해 나갈 것인지 등의 Why - What - How 영역을 변화 관리 측면에서 접근해야 합니다.

11장

5단계 조직 조정 단계:
Release

지금까지 능력 향상을 위해 리더가 취해온 조치를 요약하면 다음과 같습니다.

[그림 22] 능력 부족에 따른 저성과 상태 극복을 위한 리더의 5단계 방법

과업 유지		과업 조정		조직 조정
❶ Resupply	**❷ Retrain**	**❸ Refit**	**❹ Reassign**	**❺ Release**
• 과업을 수행하는 데 있어 구성원이 부족하다고 느끼는 자원의 지원 (조직 차원의 시스템, 프로세스, 문화 등도 포함)	• 과업을 수행하는 데 있어 필요한 지식, 기술 등에 대한 교육 훈련 (Upskilling)	• 저성과 상태에 있는 구성원 개인의 특성에 적합한 과업으로 개인 특성-과업 Fit 강화	• 기존 과업에서 요구되는 역할, 기술, 지식 등이 필요로 되지 않으면서 개인의 특성(흥미, 강점 등)을 살릴 수 있는 직무 영역으로 직무 재할당	• 조직 외부로의 이동 조치 (HR 차원의 지원 필요)

이 5단계의 핵심적 내용을 다시 한번 유념하면서 이제 능력 향상을 위한 리더의 마지막 단계인 Release 단계를 살펴보겠습니다.

Reassign 조치를 통해 효과를 보지 못할 경우 이루어져야 할 마지막 조치인데요. 사실 이 단계는 리더께서 조직 운영 현장에서 무엇인가를 실행하는 영역이라기보다는 HR 차원에서 PIP^{Performance Improvement Program}(성능 향상 프로그램)를 실행하며 저성과 상태의 구성원에 대해 마지막 조치를 취하고 기회를 부여하는 활동입니다.

이 단계에서 리더가 체크해야 할 사항은 그동안 조직 리더의 입장에서 취해온 다양한 조치의 과정과 결과들을 문서로 잘 정리하여 HR 부서에 제공합니다. 그리고 관련 건으로 추가적인 협업이 필요한 사항에 대해 대응하는 것입니다.

Release 단계를 저성과 상태에 있는 구성원 개인의 입장에서 볼 것인지, 이를 대응해야 하는 HR 같은 조직 차원의 입장에서 볼 것인지에 따라 기술하는 내용의 성격이 매우 달라지게 됩니다. 이 책에서는 현업 조직 리더가 저성과 상태에 있는 구성원의 능력 향상을 위해 취할 수 있는 조치에 집중하고 있으므로 해당 내용을 별도로 기술하지 않으려고 합니다(PIP 성공 조건 및 PIP 참여 구성원의 필요 태도 정도만 간략하게 기술해두었습니다).

다만, Reassign 이후 단계에도 뚜렷한 개선이 없을 경우 조직 차원에서 Release하는 절차가 있다는 점을 인식하고, 해당 절차에 대해 추가적인 지원과 대응이 필요하게 될 때 해당 구성원이 속해 있었던 조직의 리더 입장에서 충실하게 지원하고 대응하는 방향성 정도만 가져도 충분하다고 생각합니다.

성공적인 PIP의 몇 가지 조건

조건 1. PIP를 통해 달성하고자 하는 명확한 목표의 설정

PIP를 시작하는 단계에서 달성하고자 하는 목표를 명확하고 구체적으로 설정해야 합니다. 특히, PIP 대상자의 저성과 영역을 개선할 수 있는 특정 능력(지식, 기술)이나 태도와 밀접하게 연관된 목표를 정의해야 합니다.

아울러 정의된 목표는 PIP를 운영하는 조직(HR 부서, HR 담당자)이나 참가 대상자 모두 PIP 프로그램 참여 후 그 개선의 정도를 목표에 기반하여 측정하고 확인할 수 있어야 합니다. 그리고 측정된 값에 대한 해석의 여지가 없도록 사전에 합의해야 합니다.

조건 2. Personalization Planning(개인화 계획)

PIP 프로그램은 저성과 상태에 있는 구성원이 처해 있는 개별적인 상황과 요구에 맞게 개인 맞춤형으로 설계하고 운영해야 합니다.

기존 업무 수행 과정에서 확인된 개인의 특성, 적성, 강점, 약점 등을 통합적으로 고려하여 당사자의 수준에 맞게 PIP 프로그램을 기획하고 운영해야 합니다.

조건 3. 필요한 리소스의 지원

PIP 프로그램 기획, 운영 시 필요한 리소스를 조직에서 충분히 제공해야 합니다. 이 리소스에는 교육 및 훈련 기회, 멘토링, 코칭, 필요 도구 및 시스템 등이 포함됩니다.

개선 활동을 수행할 때 필요한 리소스를 초기 계획 단계에 당사자와 확인하고, 프로그램 실행 과정 중에도 자신의 능력 개발을 위해 필요한 사항을 조직에 요구할 수 있는 소통 채널을 구축하고 운영하는 것을 추천합니다.

조건 4. 주기적 피드백과 개선 수준에 대한 평가 제공

PIP를 진행하는 과정에서 개선의 노력에 대해 주기적으로 피드백을 제공해야 합니다. 이를 통해 PIP 프로그램에 참가하는 당사자는 본인의 개선 수준이 어떠한지 인식할 수 있어야 하고, 이는 문서 등으로 정리, 보관해야 합니다.

또한, PIP 내에서 추가적인 조치를 취할 경우 PIP 과정의 평가 결과에 근거해 모든 조치와 조정이 이루어질 수 있도록 접근하는 것이 바람직합니다.

조건 5. 적절한 시간 설계

PIP 프로그램은 지나치게 짧거나 길어서도 안 됩니다. 지나치게 짧은 기간은 저성과 상태에 있는 구성원이 개선을 위한 기회를 충분히 갖지 못하게 만듭니다. 그리고 지나치게 긴 기간은 저성과 상태에 있는 구성원과 조직 모두에게 비효율을 야기할 수 있습니다. 따라서 PIP 프로그램에서 설정한 목표에 따라 해당 목표를 달성하는 데 요구되는 적정 시간을 산정하고 이를 대상자와 협의하여 밀도 있는 PIP 프로그램이 이루어질 수 있도록 프로그램을 운영하는 것이 필요합니다(참고로 보통 3~6개월가량의 시간 동안 이루어지는 경우가 많습니다).

조건 6. PIP를 통한 조직 재배치(프로그램 참가자의 신뢰 확보)

마지막 조건은 PIP 프로그램 참여 후 목표한 수준으로 개선이 이루어질 경우 일상적인 환경으로 조직 재배치를 진행해야 합니다. 많은 기업이 PIP 프로그램을 저성과자를 조직에서 퇴출하기 위한 사전 작업으로 인식하는 경향이 강합니다. PIP 프로그램이 저성과 상태에 있는 구성원의 능력 향상을 위해 진행되는 프로그램이라는 신뢰를 확보하는 것이 필요합니다. 이러한 신뢰가 확보되어야 PIP의 당위성이 확보되고, 참가하는 구성원도 진정성을 갖고 과정에 참여할 수 있습니다.

Release 단계에 처한 저성과 구성원에게 필요한 자세

조직이 PIP를 효과적으로 기획하여 제공하는 것도 필요하지만 Release 단계까지 오게 된 저성과 상태의 구성원도 본인 스스로 다양한 노력을 기울여야 합니다.

해당 구성원에게 필요한 몇 가지 자세에 대해 살펴보겠습니다.

필요 자세 1. 상황에 대한 이해와 수용

Release 대상이 된 저성과 상태의 구성원은 본인이 현재 저성과 상태로 평가되었고, 요구되는 수준으로 개선이 이루어지지 않을 경우 조직과 결별할 가능성이 크다는 현실을 냉철하게 이해하고 수용할 수 있어야 합니다.

필요 자세 2. 자기 객관화와 성찰

그동안 조직 차원에서 다방면의 조치와 기회를 제공하며 부족한 영역에 대해 개선할 수 있도록 노력해왔음을 성찰해볼 필요가 있습니다. 특히, 그 과정에서 지속적으로 제기되어 온 자신에 대한 보완점(약점)을 객관화하며 깊이 성찰하는 과정이 필요합니다.

필요 자세 3. 명확한 목표의 설정

무엇을 언제까지 어떻게 개선하여 목표하는 수준에 도달해야 할 것인지 그 목표를 스스로 설정할 수 있어야 합니다. 목표는 본인 스스로 중간중간 점검하며 Gap(차이)을 확인하고 추가적인 노력을 기울여야 합니다.

필요 자세 4. 긍정적인 태도

PIP 프로그램에서 성공적으로 개선하여 일상으로 복귀한 사람들의 공통점은 긍정적인 태도가 있다는 점입니다. 상황 자체가 부정적이지만, 우울감에만 빠져 무력하게 있는 것보다는 조직에서 제공되는 기회를 효과적으로 활용하며 능력을 개발하겠다는 긍정적 자세가 매우 중요합니다. 특히 이러한 긍정적 태도는 프로그램을 운영하는 부서(주로 HR)의 추가적인 지원과 기회 부여와 연결되기 때문에 부정적인 태도의 참여자보다 프로그램의 참여 성과가 더 좋게 나타납니다.

12장

저성과 상태 구성원에 대한
효과적인 동기부여

    지금까지 능력이 있음에도 그 능력이 잘 발휘되지 않는 환경
시스템적 요인을 개선하거나, 개인의 부족한 능력을 개발하는 내
용을 살펴봤습니다. 그럼 지금부터는 '동기'에 집중해서 내용을
살펴보겠습니다(그림 23). 이 책의 초반부에서 살펴본 독수리의
상태로 봤을 때 회색 음영 영역(잠자고 있는 독수리, 외딴섬에 떨어진
날개 다친 독수리)에 해당하는 상태일 것입니다.

    동기가 낮은 구성원의 경우, 업무 현장에서 실행하기도 전에
안 되는 이유를 언급하고, 냉소적인 태도를 보이고, 동료나 유관
부서에 비협조적인 태도를 보입니다. 그리고 담당하고 있는 과업
에서 작은 변화도 나타나지 않는 모습 등이 관찰될 확률이 높습

[그림 23] 동기 저하로 인한 저성과 상태 영역

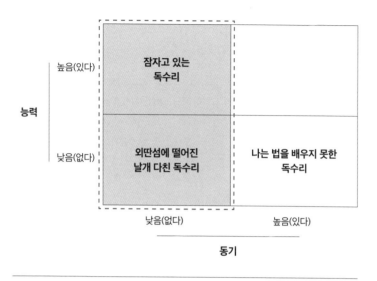

니다(구체적인 내용은 '4장 현장에서 관찰되는 저성과 상태의 구체적 모습' 참고).

본격적으로 동기 저하(부족)로 인한 저성과 상태를 극복하기 위한 방안을 논의하기 전에 '동기부여^{Motivation}'가 의미하는 바가 무엇인지 정의하고, 그 정의에 기반하여 구체적인 방법을 찾아가는 것이 보다 효과적인 접근이 될 것입니다.

그럼 동기부여^{Motivation}에 대한 개념을 먼저 살펴보겠습니다.

동기부여^{Motivation}는 목표 달성을 위한 개인의 노력의 강도^{Intensity},

방향^{Direction}, 지속성^{Persistence}을 드러내는 과정입니다.

[그림 24] 동기부여의 개념

동기부여: 목표 달성을 위한 개인의 '노력의 강도', '방향', '지속성'을 드러내는 과정

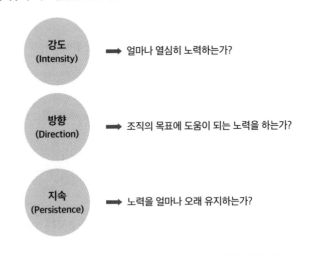

노력의 강도는 목표를 달성하기 위해 그 개인이 얼마나 열심히 노력하는지에 대한 개념이고, 방향은 그 개인의 노력이 조직의 목표에 도움이 되는지에 대한 개념입니다. 그리고 지속성은 그 노력이 얼마나 오래 유지되는지에 대한 개념입니다.

이 개념에서 확인할 수 있듯이, 동기부여는 조직의 목표 달성

에 초점을 두고 있습니다. 즉 저성과 상태(목표를 달성하지 못하는 모습이 지속되는 상태)가 지속된다는 의미를 동기부여 측면에서 해석하면 노력의 강도가 약하거나, 엉뚱한 방향으로 그 노력이 이루어지고 있거나, 노력이 목표를 달성할 수 있을 만큼 충분히 길게 이루어지지 못하는 상태로 생각할 수 있습니다.

동기부여 측면에서 저성과 상태가 지속된다는 것의 구체적 의미

- 노력의 절대 강도가 약하다.
- 엉뚱한(=잘못된) 방향으로 노력이 이루어지고 있다.
- 목표를 달성할 수 있을 만큼 지속적으로 노력이 이루어지지 못하고 있다.

동기부여의 개념을 가만히 살펴보면 다른 개념과 뚜렷하게 구별되는 특징이 있는데, 그것은 바로 '개인의 노력'을 중심으로 접근한다는 의미입니다. 조직이나 집단 단위로 접근하는 것이 아니라, 철저하게 구성원 개인과 그 개인이 기울이는 노력을 중심에 두고 있는데요.

결국 동기부여의 핵심은 '당사자가 얼마나 자발적으로 진정성 있게 노력을 기울이는가', '의지를 촉진할 수 있는 환경을 리더로서 어떻게 설계할 것인가'가 핵심 내용임을 알 수 있습니다.

이를 바탕으로 리더가 고려해야 하는 이슈에 대해서 살펴보겠습니다.

첫째, 개인의 자발적 노력을 어떻게 끌어낼 것인가?

개인의 자발적 노력은 강제할 수 없고, 자발성이 발현될 수 있도록 주변 환경을 설계하여 촉진하는 방향으로 이루어져야 합니다. 개인의 자발성은 과업이나 목표에 대해 의미와 가치를 스스로 부여하고, 그것을 달성할 수 있겠다는 자신감이 수반될 때 발현됩니다.

둘째, 목표 달성을 가능케 하는 노력의 방향을 어떻게 인식하게 할 것인가?

자발적인 노력이 올바른 방향을 지향할 때 그 노력은 의미 있는 노력으로 평가될 것입니다. 방향은 스스로의 고민을 통해서도 수립될 수 있지만, 보다 객관적으로 현상을 인식하고 조언을 주는 지원자들의 의견을 구성원 스스로 수용하고 성찰할 때 좀 더 정교하고 바르게 수립될 수 있습니다.

셋째, 목표 달성을 가능하게 하는 노력의 강도를 어떻게 끌어낼 것인가?

올바른 방향에 적절한 노력의 강도가 더해질 때 목표 달성의 가능성은 더욱 커집니다. 구성원 스스로 자신이 가진 에너지 중 어느 정도의 노력을 기울일 것인지의 문제는 스스로 그 한계를 넘어서 보고 싶다는 욕구에서 비롯되기도 합니다. 그리고 지금 기울이는 노력이 성공했을 때 보상으로 이어질 것이라는 믿음에서도 비롯되는 것이 일반적입니다.

넷째, 목표 달성을 가능케 하는 노력의 지속성을 어떻게 끌어낼 것인가?

지속성은 달성하려는 목표에 대해 스스로 갖고 있는 의미나 가치의 정도, 노력을 지속할 수 있게 해주는 주변의 응원과 지지, 진척되는 정도에 대한 인식과 확인 등이 더해질 때 그 노력의 기간이 늘어납니다.

책 한번 같이 내볼까?

제가 기업에서 팀장으로 재직하던 시절 팀 구성원들의 전문성에 대해 고민이 많았습니다. 이들이 교육 과정을 수준 높게 기획하기 위해서는 관련 분야에 대해 전문성을 높여야만 했는데요.

처음에는 제가 기업교육 실무를 진행할 때 알아두면 좋을 여러 이론이나 방법론을 정리하여 학습회 형태로 제공했습니다.

하지만 그런 방식은 들을 때뿐이었습니다.

2~3차례 정도는 반복해야 어느 정도 이해하는 눈치였고, 제 아무리 팀장이 정리해준 내용이라도 다른 사람이 정리해서 제공하는 내용이 자신들의 업무 수행에 활용되는 정도는 극히 미미했습니다.

그래서 제가 고안한 방법 중 하나가 책을 한번 같이 내보자는 것이었습니다. 기업교육 분야에서 일하고 있는 구성원들이라면 자신이 맡고 있는 분야에서 자신의 이름으로 된 책을 하나 내보고 싶다는 욕구가 있다는 점을 활용한 것인데요.

이론을 공부한 후 그 이론을 실무에 적용하고, 그 속에서 느낀 점이나 실행 결과를 한 페이지씩이라도 정리하는 방식을 추천했습니다.

처음에는 반신반의하던 팀원들 중 일부는 틈틈이 자신의 생각을 워드로 정리하기 시작했고, 하나 둘 그 결실을 맺게 되는 상황에 가까워지게 되었습니다.

이제는 어떤 교육 과정을 기획하더라도 이전처럼 강사 찾기에 매몰되지 않고, 자신들이 먼저 관련 내용을 공부하고 정리하는 모습을 관찰하고 있습니다.

'역시 동기부여의 핵심은 자발적 노력을 끌어낼 수 있는 환경을 그들의 입장에서 설계하는 것이 핵심이구나!' 하는 점을 다시 한번 느끼게 된 경험입니다.

저성과 상태의 구성원에 대한 효과적 동기부여 Issue Point

- 개인의 자발적 노력을 어떻게 끌어낼 것인가?
- 목표 달성을 가능케 하는 노력의 강도를 어떻게 끌어낼 것인가?
- 목표 달성을 가능케 하는 노력의 방향을 어떻게 인식하게 할 것인가?
- 목표 달성을 가능케 하는 노력의 지속성을 어떻게 끌어낼 것인가?

동기부여에 대한 이슈를 함축적으로 살펴보았는데요. 다음 장에서는 주요 동기부여 이론을 좀 더 구체적으로 살펴보고, 저성과 상태 구성원의 동기 향상 방법을 고려해보겠습니다.

핵심 요약

1. 동기부여(Motivation)는 목표 달성을 위한 개인의 노력 강도(Intensity), 방향 (Direction), 지속성(Persistence)을 드러내는 과정입니다.

2. 동기부여는 개인의 노력을 통해 조직의 목표 달성에 초점을 두는 특징을 개념 적으로 갖고 있습니다.
   특징 1. 동기부여는 조직의 목표 달성에 초점을 두고 있습니다.
   특징 2. 동기부여는 개인의 노력을 중심으로 접근합니다.

3. 저성과 상태에 있는 구성원에 대한 리더의 효과적 동기부여 Issue는 다음 4가 지로 요약됩니다.
   ① 개인의 자발적 노력을 어떻게 끌어낼 것인가?
   ② 목표 달성을 가능케 하는 노력의 강도를 어떻게 끌어낼 것인가?
   ③ 목표 달성을 가능케 하는 노력의 방향을 어떻게 인식하게 할 것인가?
   ④ 목표 달성을 가능케 하는 노력의 지속성을 어떻게 끌어낼 것인가?

13장

현업 리더가 알아두면 좋은
동기부여 이론

여러 동기부여 이론이 있지만, 저성과 상태에 있는 구성원에 대한 접근이라는 특성에 기반하여 의미 있게 활용될 수 있는 동기부여 이론 몇 가지를 살펴보고, 각 이론에 기반하여 저성과 상태의 구성원에 대한 효과적 접근방식에 대해 확인해보겠습니다.

이론 1. 자기 효능 이론

자신이 맡은 과업을 성공적으로 수행해낼 수 있다는 개인의 믿음에 대한 이론입니다. 이 이론에 따르면 자기 효능감이 높으면 높을수록 그 자신감에 상응하는 노력을 기울이지만, 자기 효능감이 낮으면 낮을수록 노력을 덜하거나 아예 포기할 가능성이 큽니다.

이 이론을 개발한 앨버트 반두는 자기 효능감을 증대하는 방법으로 능동적 숙련, 대리 모델, 언어적 설득, 각성의 4가지를 제시하고 있습니다.

능동적 숙련은 직무와 관련된 지식과 스킬 등을 숙련될 정도로 충분히 쌓을 때 직무에 대한 자기 효능감을 증진할 수 있다는 것입니다. 그리고 대리 모델은 자신과 비슷하다고 생각하는 동료가 어떤 일을 수행하는 모습을 보며 자신감을 얻는다는 것입니다. 예를 들면, 비슷한 동료나 후배(ex. 신입사원)가 해당 과업을 충분히 잘 수행하는 모습을 보면 자신도 해낼 수 있겠다는 자신감을 가지는 식입니다. 다만, 신입 사원도 해당 과업을 능숙하게 수행해내는 모습을 보며 되레 자괴감에 빠지게 될 수도 있으니, 해당 구성원의 상태를 고려하여 이런 방식을 활용할지에 대해 검토하기 바랍니다.

설득은 자기 효능감이 낮은 구성원에게 과업을 성공시킬 수 있는 충분한 역량을 갖추고 있음을 언어적으로 설득하는 것입니다. 각성은 구성원이 생각이나 행동을 전환할 만한 부분 등을 제대로 건드려 업무 수행에 대한 의지와 실행력을 촉진하는 것입니다.

[그림 25] 자기 효능감을 증대하는 4가지 방법

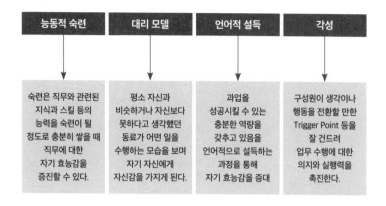

능동적 숙련	대리 모델	언어적 설득	각성
숙련은 직무와 관련된 지식과 스킬 등의 능력을 숙련이 될 정도로 충분히 쌓을 때 직무에 대한 자기 효능감을 증진할 수 있다.	평소 자신과 비슷하거나 자신보다 못하다고 생각했던 동료가 어떤 일을 수행하는 모습을 보며 자기 자신에게 자신감을 가지게 된다.	과업을 성공시킬 수 있는 충분한 역량을 갖추고 있음을 언어적으로 설득하는 과정을 통해 자기 효능감을 증대	구성원이 생각이나 행동을 전환할 만한 Trigger Point 등을 잘 건드려 업무 수행에 대한 의지와 실행력을 촉진한다.

'각성'을 통한 자기 효능감 강화 사례

TJ는 최근 부쩍 의기소침해 있습니다. B2C 부서에서 B2B Sales 부서로 이동한 후 이렇다 할 성과를 만들어내지 못했습니다. 뿐만 아니라, 고객사를 만날 때마다 자신에 대해 호의적이지 않다는 느낌을 적지 않게 받고 있기 때문입니다.

주변의 동료들을 둘러보니 기존에 쌓아온 인맥을 활용하여 세일즈 업무를 수행하고 있었고, 고객사와 특별한 네트워크가 없는 본인만 유독 뒤처지는 기분이었습니다.

이러한 날이 지속되고, TJ가 급기야 동료들에게 자신은 B2B 세일즈 업무와 적성이 잘 맞지 않는 것 같다고 한탄하는 모습이 잦아졌습니다.

이 모습을 지켜보던 YK 팀장은 TJ와 면담 시간을 가졌습니다.

면담 자리에서 YK 팀장은 TJ에게 본인의 능력에 대해 자신감이 많이 결여된 것 같다는 이야기를 조심스럽게 꺼냈습니다. TJ는 자신감이 많이 결여됐을 뿐만 아니라, 무력감까지 느낀다며 본인의 어려운 상황을 털어놓기 시작했습니다.

TJ의 하소연을 듣던 YK 팀장은 TJ에게 질문을 던졌습니다.

"고객사와의 네트워킹 보유 수준이 매우 중요한 우리 부서에서 TJ 님을 합류시킨 이유가 무엇이라고 생각하시나요?"

"제가 B2C 세일즈 쪽에서 이것저것 다양한 시도를 했던 모습을 좋게 보셨던 것으로 기억합니다."

"맞아요. 우리 부서가 기존의 수준을 뛰어넘기 위해서 TJ 님의 그 능력과 태도를 간절히 원했던 것입니다. 단순하게 기존 방식을 따라 하고 답습하는 사람이 필요했다면 우리 본부 내에 TJ 님보다 훨씬 더 나은 후보들도 있었고요.

제가 TJ 님에게 기대하는 것은 기존의 방식대로 고객사에 찾아가서 네트워킹을 쌓고 인맥 기반으로 세일즈를 하는 것이 아니라, B2C에서 하셨던 모습처럼 기존의 방식과 다른 시도를 하며 기존 구성원들의 일하는 방식에 의미 있는 자극을 만들어내는 존재가 되어주는 것이었어요.

그런데 지금 TJ 님을 보면, 기존의 관행적 방식을 따라 해보고, 남들만큼

저성과자로 고민하는 팀장에게

되지 않는다는 생각에 자신감이 결여된 모습을 보이고 있어서 마음이 좋지 못하네요.

TJ 님은 당장 다른 동료들처럼 인맥 기반으로 세일즈 성과를 만들어오지 않으셔도 좋습니다. 다만, 본인이 B2C에서 보였던 모습처럼 색다른 세일즈 방식들을 B2B 세일즈 맥락에서도 다양하게 시도하며 우리 조직의 일하는 방식에 근본적 변화를 촉진해주셨으면 좋겠습니다."

TJ는 YK 팀장과의 면담 이후, 마음속에 불끈하고 열정이 솟아오르는 것을 느꼈습니다.

이론 2. 자기 결정 이론

"동물보호단체에서 무료로 자원봉사를 2년간 해오던 MJ가 있었습니다. 일주일에 15시간씩 봉사할 만큼 매우 헌신적인 자원봉사자였습니다. 평소 MJ를 눈여겨봤던 동물보호단체에서 MJ를 시급 1만 원에 고용했습니다. MJ가 하는 일은 이전과 달라진 것이 없는데 MJ는 자원봉사를 하던 시절만큼 이 일이 더 이상 즐겁지 않다고 토로하고 있습니다."

자기 결정 이론을 설명할 때 가장 대표적으로 활용되는 사례입니다.

자기 결정 이론에 따르면 사람들은 자신의 행동에 대해 통제력을 지니고 있다고 느끼고 싶어 하며, 의무라고 느끼게 만드는 것들은 동기부여에 걸림돌이 된다는 이론입니다.

[그림 26] 자기 결정 이론

"스스로 결정(선택)할 때 동기부여 된다"

사람은 스스로 무엇인가를 결정했을 때, 가장 행복하고 몰입해서 일한다.

의지 ➡ 행동 ➡ 결과

사람은 자신의 의지로 행동을 선택하고자 하며,
그러한 행동을 만들어낸 것에 대해 만족을 느낀다.

최근에 이 이론의 확장 이론으로 언급되는 것 중 하나가 자기 일치입니다. 과업이 구성원 개인의 흥미나 가치관과 일치하는 정도가 크면 클수록 목표 달성을 위해 더 큰 노력을 기울이고, 목표 달성의 가능성도 커진다는 것입니다.

자기 일치의 정도가 높으면 높을수록 목표 달성에 실패하더라도 행복감을 더 많이 느끼는 것으로 나타나기도 하는데요. 이 내용은 앞서 살펴본 Refit 측면에서 개인의 적성이나 특성과 일치하는 과업을 찾고자 노력하는 것과 일맥상통한다고 볼 수 있습니다. 참고로 자기 결정권은 업무 배분 과정에서 부각되는 경우가 많습니다.

리더가 조직 운영 과정에서 구성원이 의미를 느끼는 과업만 배분할 수 없습니다. 이러한 현실적 한계로 인해 구성원과 리더 간에 자기 결정권 측면에서 이슈가 발생하는 영역은 [그림 27]에서 2영역입니다.

[그림 27] 구성원과 리더 간에 자기 결정권 이슈

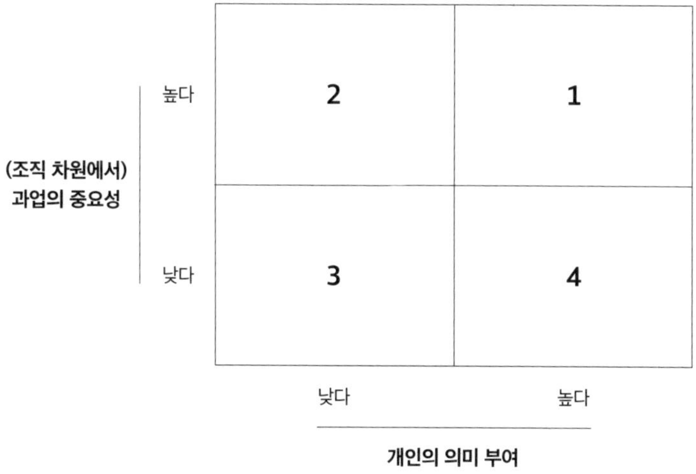

	개인의 의미 부여 낮다	개인의 의미 부여 높다
(조직 차원에서) 과업의 중요성 높다	2	1
(조직 차원에서) 과업의 중요성 낮다	3	4

2영역은 조직 차원에서는 매우 중요한데, 그 과업을 배분받은 구성원은 흥미나 동기를 가지지 못하고 있는 영역입니다. 리더와 구성원이 각자 다른 방향을 보고 있으니 이 과업을 배분한 리더 입장에서도 불안하고, 과업을 배분받은 구성원 입장에서도 불만인 상태입니다.

이러한 경우 리더는 이 과업의 의미를 발굴해야 하는데 이때 발굴하는 과업의 의미는 조직 차원에 치우쳐서는 안 됩니다. 구성원 개인의 경력 개발이나 가치관 등에 비춰봤을 때 의미가 있는 방향으로 접근하는 것이 필요합니다.

만약 의미를 찾기 어려운 경우라면, 구성원이 과업을 자기 주도적으로 결정권을 갖고 수행할 수 있도록 Empowerment(권한부여)하여 과업 수행 과정에서의 자기 결정권을 높여 낮은 동기를 높이는 방법을 취할 수 있습니다.

참고로 4영역은 2영역과 반대로 구성원 개인이 추구하는 경력 개발 방향, 가치관 등과 과업의 방향은 일치하나 조직에서 중요성이 높지 않은 경우입니다. 이러한 경우는 개인이 의미를 부여하고 있는 과업이 조직에서 가치를 가질 수 있도록 함께 의미를 발굴하고 공유하는 것을 목표로 제시합니다. 만약 이 가치 포인트를 구현하지 못할 경우 조직 내 성과로 인정받기 어렵다는 것을 사전에 구성원과 합의하는 것이 중요합니다. 특히, 구성원에게는 납기와 목표를 명확하게 제시하여 자기만의 세계에 빠지지 않도록 하는 것이 중요합니다.

이론 3. 공정성 이론

다음은 공정성 이론입니다. 한국 직장 사회에 몇 년 전부터 최근에 이르기까지 큰 화두로 다루어지고 있는 공정성에 대한 이론입니다.

공정성 이론에 따르면 구성원 개인은 본인의 Input(인풋)과 조직으로부터 돌려받는 Return을 다른 동료들과 비교하며, 그 과정에서 인식된 불공정한 요소를 제거하고 '공정한 상태'로 회복하려고 노력합니다.

[그림 28] 내적 공정성 vs 외적 공정성

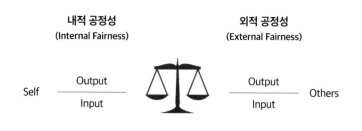

내적 공정성과 외적 공정성 간 비교를 통해 자신의 불공정성을 지각하고, 그로 인해 다양한 부정적 모습을 만들어냅니다.

대표적으로 내적 공정성이 외적 공정성보다 낮게 인식되는 경우(내가 과소보상을 받고 있다는 인식), 나의 노력을 줄이거나 남이 만들어낸 결과를 폄하하거나 왜곡하고 조직을 이탈하며 공정한 상태로 회복하려는 경향이 나타나게 됩니다.

내적 공정성 < 외적 공정성
(내가 과소보상을 받고 있다는 인식)

김민수 과장은 아침부터 심각한 표정으로 자리에 앉아 있습니다.

조용히 눈치를 보던 이민성 대리가 메신저를 보냅니다.

'과장님, 무슨 안 좋은 일 있으세요?'

'지금 정말 기분 최악이다. 내년 승진 대상자에 내가 아니라 홍해민 과장이 올라갔다는 소문이 돌고 있더라고!'

'홍해민 과장님이요? 그렇지 않아도 요즘 올리는 기획안마다 팀장님에게 칭찬 많이 듣던데…. 과장님 기분이 안 좋을 상황이긴 하네요."

'홍해민 과장 기획안? 그것을 혼자 한 것도 아니고. 우리가 도와줘서 나온 기획안이지. 그리고 하루에 네, 다섯 번씩 팀장 따라다니면서 커피 마시고, 담배 태우고. 내가 술자리에서 아부하는 소리 들은 걸 정리하면

A4 용지로 100장은 나오겠다. 승진자를 아부 순으로 정했나?'
'과장님, 기분 좀 푸세요~. 아직 확정된 것도 아니잖아요.'

동료인 홍 과장이 승진 대상자가 된 것은 업무 성과가 아닌 팀장과 자주 담배를 태우러 나가고 술자리에서 아부성 발언을 해서 얻어낸 결과라고 폄하하고 왜곡하고 있습니다.

이처럼 내적 공정성이 외적 공정성보다 낮게 인식되는 경우 조직이나 동료들에 대해 부정적 감정을 품고 비아냥거리는 태도가 관찰될 확률이 높아지게 됩니다.

또 다른 한편으로 내적 공정성이 외적 공정성보다 높게 인식되는 경우(=내가 과대보상을 받고 있다는 인식), 자신의 과업에 대한 믿음과 인정을 강화하여 내 인식을 왜곡하거나 남의 노력을 폄하하는 등의 인식 왜곡 과정을 통해 공정한 상태로 회복하려는 경향이 나타나게 됩니다(홍 과장이 김 과장에 대해 평소 팀장과 원만한 관계를 쌓지 않고 자신만의 생각에 빠져 업무를 수행하니 인정을 받지 못한다고 이야기하는 장면을 생각해보면 과대보상으로 인식하고 있을 경우에 구성원이 표출하는 모습을 이해할 수 있을 것입니다).

이러한 공정성 이론은 분배 정의, 절차 정의, 상호 작용 정의 등 3가지의 조직 정의를 통해 구체적으로 접근할 수 있습니다.

분배 정의는 '내가 이번에 받은 성과급 1천만 원은 당연해!'처럼 분배의 결과가 공정하다는 것에 대한 지각을 다루는 것입니다. 절차 정의는 분배를 결정하는 과정과 절차의 공정성에 대한 지각을 의미합니다. 예를 들어, 1천만 원이라는 분배 결과를 결정할 때 본인이 그 과정에서 의견을 피력할 수 있거나, 의견을 피력하지는 못하더라도 어떤 기준과 산출 방식에 따라 그 결과가 도출되었는지에 대해 사전적으로 설명을 듣고 이해할 수 있는 시간을 가졌는지 등과 같은 내용으로 이해할 수 있습니다.

마지막으로 상호 작용 정의는 자신에 대한 충분한 존중과 인간적 배려를 바탕으로 분배 과정과 결과에 대해 설명하고, 설득하는 상호 작용을 거쳤는지에 대한 내용을 의미합니다.

이론 4. 기대 이론

빅터 브룸의 기대 이론은 여러 동기부여 이론 중 그 지지도가 가장 높은 이론 중 하나입니다. 기대 이론은 구성원 자신이 노력을 기울인다면 좋은 성과를 만들어낼 수 있고, 그 성과에 대해서 조직에서는 보상을 제공할 것이며, 조직에서 제공하는 보상은 자신을 만족시켜줄 만한 수준일 것이라는 기대(믿음)를 가질 때 동기를 얻는다는 내용입니다.

직관적으로 이해하는 데 복잡하게 느낄 수 있을 것 같아 해당
내용을 [그림 29]로 표현하였습니다.

[그림 29] 기대 이론

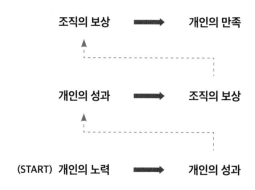

이 이론은 앞서 소개한 동기부여 이론 중에서도 저성과 상태
구성원에 대한 효과적 동기부여 측면에서 가장 유용하게 활용될
수 있다고 생각합니다. 왜냐하면 이 이론은 개인의 노력과 조직
의 목표 달성이라는 두 가지 핵심 사항을 통합적으로 반영하고
있기 때문입니다.

Stage 1. 개인의 노력이 성과로 이어질 수 있다.

'노력한다면 성과를 만들어낼 수 있다'는 기대가 충족되기 위해 구성원에게 목표를 신중하게 설정하고 제시해야 합니다. 제시된 목표를 구성원이 수용하고, 자신의 노력을 통해 목표를 달성할 수 있다는 신념을 형성할 수 있어야 한다는 의미인데요.

목표에 대한 수용과 목표 달성에 대한 신념이 형성되는 과정에는 목표를 달성할 수 있는 지식, 기술에 대한 접근뿐만 아니라, 그 목표를 달성하는 데 있어 필요한 자원 지원 등과 같은 환경적 지원이 뒷받침될 때 이 기대는 성립할 수 있습니다.

앞서 살펴봤던 Resupply-Retrain-Refit의 세부 내용과 연결성이 있다는 점을 느끼셨을 것입니다(능력-동기 요소가 각각 상호 간에 밀접한 영향을 미친다는 뜻입니다).

Stage 2. 목표를 달성하면 조직의 보상이 뒤따른다.

다음 단계는 '성과를 만들어낸다면 조직의 보상이 뒤따른다'는 기대입니다. 이 기대의 형성은 조직의 보상 관행이 큰 영향을 미칩니다(성과를 낸 곳에 보상이 있다는 조직 차원의 보상 관행이 구성원들 사이에 암묵적 믿음으로 자리하고 있는 경우 이 단계의 기대를 형성하는 데 유리하게 작동합니다. 만약 비합리적 관행이 존재했다면 성과-보상에 대한 기대를 형성하기 어렵습니다).

참고로 '보상'에는 금전적 보상만 있는 것이 아니라 상사의 인정, 칭찬, 원하는 직무로의 배치, 중요한 프로젝트 임무 부여 등의 비금전적 보상도 있기 때문에 이때 보상을 금전적 보상으로만 좁혀서 접근하지 않는 것이 좋습니다.

Stage 3. 조직의 보상은 개인에게 만족감을 준다.

마지막 단계는 조직에서 제공하는 보상은 개인에게 의미 있는 보상, 즉 만족감을 주는 보상일 것이라는 기대입니다. 이 단계에서는 앞서 말씀드린 바와 같이 보상의 개념을 폭넓게 접근하는 것이 중요합니다.

보상을 개념적으로 구분해보면, Pay(금전적 보상), Compensation(금전적 보상뿐만 아니라 현물, 시설, 서비스 등의 물질적 보상 전체를 지칭하는 개념), Reward(금전적 보상+물질적 보상+인정, 승진, 성장감 등의 정신적 보상까지 지칭하는 개념) 등으로 나누어볼 수 있습니다. 즉 구성원 개인의 니즈에 따라 가치를 느끼는 보상의 종류와 기준이 각각 다를 것이라는 점을 전제해야 합니다.

따라서 리더는 이 단계의 기대를 형성하기 위해서 성과 측정에 대한 기준과 보상의 종류와 정도, 지급 시기 등에 대해 당사자와 합의하거나 선호하는 보상의 유형이나 수준을 이해하는 과정을 거치는 것도 고려할 수 있어야 합니다.

[그림 30] 보상의 개념적 구분

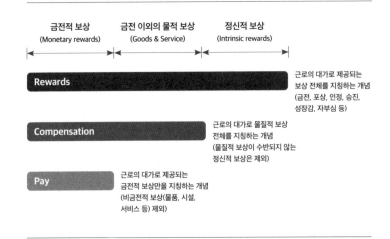

금전적 보상
(Monetary rewards)

금전 이외의 물적 보상
(Goods & Service)

정신적 보상
(Intrinsic rewards)

Rewards

근로의 대가로 제공되는
보상 전체를 지칭하는 개념
(금전, 포상, 인정, 승진,
성장감, 자부심 등)

Compensation

근로의 대가로 물질적 보상
전체를 지칭하는 개념
(물질적 보상이 수반되지 않는
정신적 보상은 제외)

Pay

근로의 대가로 제공되는
금전적 보상만을 지칭하는 개념
(비금전적 보상(물품, 시설,
서비스 등) 제외)

대형 마트 신규 입점 점포의 숍인숍 조기 안정화를 담당하는 통신사 마케터 존은 업무 의욕이 높지 않습니다.

조기 안정화를 하라는 강한 지시에, 어느 정도 수준을 조기 안정화했다고 판단해야 하는지 알 수 없습니다. 이 내용에 대해 이야기를 꺼내면, 팀장은 존에게 스스로 한계를 짓지 말고 전국을 깜짝 놀라게 할 정도의 실적을 만들어보자는 이야기만 반복합니다.

실적이 기대에 못 미친다고 판단했는지 어느 날 팀장이 존을 불러 전국의 신규 점포 평균 수치 +10%를 목표로 삼고 힘을 내보자고 이야기를 꺼냅니다. 그런데 지금 존이 담당하고 있는 매장의 판매사는 모두 신입 판매사들로 영업력이 뛰어나지도 않고, 주변 상권에 대한 분석도 되어 있지 않아 어떻게 마케팅 활동을 해나가야 할지 막막합니다.

존의 의욕은 나날이 떨어져만 가고 있습니다.

이 상황은 기대 이론의 첫 단계에 해당하는 내용입니다. 노력을 하면 목표를 달성할 수 있겠다는 기대가 형성되지 않습니다. 처음에는 구체적인 목표가 제시되거나 합의되지 않았고, 목표를 수립한 이후에는 그것을 달성할 수 있는 방법에 대한 인식 차가 있는 상황입니다. 이 사례를 보면서 노력을 하면 목표가 달성될 수 있겠다는 기대 형성의 중요성을 확인할 수 있습니다.

존의 팀장은 에이스 판매팀을 한 달간 존의 담당 매장에 배치하고, 본사에 지원을 요청하여 매장 인근의 상권 분석도 지원해줬습니다. 여러 방면으로 지원해주는 팀장님이 인간적으로 감사하기는 하나, 존의 입장에서 의욕이 크게 생기지는 않습니다.

팀장님의 지원 속에 담당 매장의 목표를 달성할 수 있을지는 모르겠지만, 그 목표를 달성한다고 해서 특별히 본인에게 득이 될 것이 없어 보이기 때문입니다. 존은 자신에 대한 명예욕이 강한 편인데, 목표를 달성한 후에도 팀장의 지원으로 겨우 낮은 실적을 벗어났다는 오명만 뒤집어쓸 것 같다는 생각입니다.

존은 팀장과의 술자리에서 자신의 솔직한 생각을 털어놓았습니다.

존의 이야기를 듣던 팀장은 존의 입장에 대해 공감하며, 매장을 조기 안정화하고, 그 과정을 잘 정리하여 상반기 전사 마케터 Best Practice(모범 사례)에서 저성과 매장 조기 극복 사례로 발표하자고 제안했습니다.

존은 열심히 해보겠다는 동기가 불끈 솟는 것을 느낍니다.

이 상황은 기대 이론의 두 번째, 세 번째 단계에 해당하는 내용입니다.

목표를 달성하면 조직 차원에서 그에 상응하는 보상이 있을 것이라는 기대와 그 보상은 가치 있는 보상이라는 기대입니다.

존의 특성을 고려하면 금전적 보상이 아닌 자신의 명예를 조직에서 높여줄 수 있는 보상에 가치를 부여하고 있다는 점을 알 수 있습니다.

이처럼 보상을 금전적 보상으로 한정 짓지 않고, 비금전적 보상 영역까지 그 범위를 넓히며 접근할 때 '기대' 측면에서 구성원의 동기는 보다 높아질 수 있습니다.

핵심 요약

1. 저성과 상태의 구성원에 대한 동기부여를 고려할 때 주요 동기부여 이론에 대한 이해가 선행될 때 보다 효과적인 접근을 할 수 있습니다.

2. 자기 효능 이론, 자기 결정 이론, 공정성 이론, 기대 이론 등의 동기부여 이론은 구성원의 동기가 저하되는 메커니즘과 동기를 강화하기 위한 주요 Factor 및 조건 등을 이해하는 데 유용한 관점을 제공합니다.

   ① 자기 효능 이론은 자기 효능감과 노력의 정도가 비례하며, 자기 효능감이 떨어질 경우 능동적 훈련, 대리 모델, 설득, 각성 등의 방식으로 자기 효능감을 강화할 수 있다는 것에 대한 내용을 제시합니다.

   ② 자기 결정 이론은 본인 스스로 결정하고 통제하고 있다는 것을 느끼고 싶어 하며, 의무라고 느끼는 것들은 동기부여에 걸림돌이 된다는 내용입니다. 과업과 본인의 흥미, 가치관과 일치하는 정도가 크면 클수록 더 큰 노력을 기울인다는 내용을 제시합니다.

   ③ 공정성 이론은 본인의 Input과 조직으로부터 돌려받는 Return을 다른 동료들의 그것과 비교하며, 그 과정에서 인식된 불공정한 요소를 제거하고 '공정한 상태'로 회복하려고 노력을 기울이는 것에 대한 이론입니다.

   공정성 이론은 분배 정의(결과가 공정한가), 절차 정의(과정이 공정한가), 상호작용 정의(충분히 존중하고 배려했는가) 등에 의해 영향을 받게 됩니다.

   ④ 기대 이론은 노력을 기울인다면 좋은 성과를 만들어낼 수 있고, 그 성과에 대해서 조직에서는 보상을 제공할 것이며, 조직에서 제공하는 보상은 자신을 만족시켜줄 만한 수준일 것이라는 기대(믿음)를 가질 때 동기를 얻는다는 내용입니다.

14장

자발적 노력을 가로막는
심리적 기저의 원인

앞서 몇 가지 동기부여 이론을 통해 확인했듯이, 개인의 노력(=동기)은 목표 달성을 위해 요구되는 행동을 업무 장면에서 실행할 때 완성이 됩니다. 또한, 이 행동은 환경이나 구조 속에서 촉진되기도 하고, 스스로의 내적 욕구에 의해 발현되기도 한다는 사실을 확인했습니다.

즉 리더가 동기 이슈로 인해 저성과 상태의 문제를 안고 있다면 그것은 해당 구성원이 목표 달성을 위한 의지나 행동을 업무 현장에서 발현하지 못하기 때문일 것입니다.

이를 해결하기 위해서는 해당 구성원이 자발적 노력을 기울이지 않게 되는 심리적 기저의 원인이 무엇인지 이해할 수 있어야 할 텐데요. 현업에서 동기가 저하되어 목표 달성을 위한 노력을 기울이지 않는 저성과 상태의 구성원들이 보이는 현상과 심리적 기저의 원인을 몇 가지 살펴보면 다음과 같습니다.

자신의 일에 동기가 부여되지 않는 주요 원인

- 자신의 역량에 대해 자신감이 없다.
- 힘들고 어려운 상황에 대해 두려움과 막막함 같은 감정을 느낀다.
- 내가 만들어낸 결과물에 대한 판단(평가) 잣대가 남들에 비해 과도하고 엄격하다고 느낀다.
- 그 일을 성공할 수 있는 역량을 갖췄다는 주변의 지지와 격려가 없다.
- 내가 기울인 노력에 비해 조직의 대우나 보상이 적다고 느낀다.
- 과업에 대해 직접 결정할 권한 수준이 약하거나 없다.
- (골치 아픈 이슈 발생) 이러한 상황이 벌어지게 의사결정을 한 사람이 내가 아니다.
- 주어진 목표를 달성할 수 있는 능력이나 자원 등이 부족하다고 느낀다.
- 자신의 특성, 흥미, 가치관과 업무의 불일치 정도가 크다.
- 나에 대한 기본적 배려와 존중이 부족하다고 느낀다.
- 나와 비슷하거나 적은 노력을 기울이는 동료에게 더 좋은 대우와 보상을 한다고 느낀다.
- 목표 달성에 따라 지급되는 보상과 대우의 수준이 낮아 가치를 느끼지

못한다.

- 비슷한 수준의 보상과 대우를 받는 동료에 비해 내가 훨씬 더 열심히 일하고 있다고 느낀다.
- 해당 업무에 대해 익숙하지 못하다(충분한 경험이 없음).
- 주요한 의사결정 과정에 나의 의견이 반영되지 않는다고 느낀다.
- 목표를 달성하더라도 조직에서 그에 따른 보상과 대우를 해줄 것이라는 믿음이 없다.
- 노력을 기울여도 달성할 수 없다고 느끼는 수준으로 목표가 수립되어 있다.
- 이 일의 의미를 찾지 못하고 있다.
- 담당하는 일을 자신의 의지와 무방하게 타의에 의해 담당하게 되었다.

아마 많은 리더가 본인이 실무자 시절에 동기가 꺾였던 상황을 떠올려 보면 대부분의 내용이 반영되어 있다는 점을 알 수 있을 것입니다.

자신의 일에 대해 동기가 저하되어 있는 구성원들이 이런 생각이나 모습을 보이고 있다는 점을 고려해서 이 내용들을 앞서 살펴본 주요 동기부여 이론의 관점으로 묶어서 다시 정리해보겠습니다.

[표 7] 동기부여가 되지 않는 원인

구분	자신의 일에 동기가 부여되지 않는 주요 원인
자기 효능 이론	자신의 역량에 대해 자신감이 없다.
	힘들고 어려운 상황에 대해 두려움과 막막함 같은 감정을 느낀다.
	해당 업무에 대해 익숙하지 못하다(충분한 경험이 없음).
	그 일을 성공할 수 있는 역량을 갖췄다는 주변의 지지와 격려가 없다.
자기 결정 이론	담당하는 일을 자신의 의지와 무관하게 타의에 의해 담당하게 되었다.
	과업에 대해 직접 결정할 권한 수준이 약하거나 없다.
	(골치 아픈 이슈 발생) 이러한 상황이 벌어지게 의사결정을 한 사람이 내가 아니다.
	이 일의 의미를 찾지 못하고 있다.
	자신의 특성, 흥미, 가치관과 업무의 불일치 정도가 크다.
공정성 이론	내가 기울인 노력에 비해 조직의 대우나 보상이 적다고 느낀다.
	나와 비슷하거나 적은 노력을 기울이는 동료에게 더 좋은 대우와 보상을 한다고 느낀다.
	비슷한 수준의 보상과 대우를 받는 동료에 비해 내가 훨씬 더 열심히 일하고 있다고 느낀다.
	내가 만들어낸 결과물에 대한 판단(평가) 잣대가 남들에 비해 과도하고 엄격하다고 느낀다.
	주요한 의사결정 과정에 나의 의견이 반영되지 않는다고 느낀다.
	중요한 결정과 관련된 정보를 제공하고 있지 않다고 느낀다.
	나에 대한 기본적 배려와 존중이 부족하다고 느낀다.
기대 이론	노력을 기울여도 달성할 수 없다고 느끼는 수준으로 목표가 수립되어 있다.
	주어진 목표를 달성할 수 있는 능력이나 자원 등이 부족하다고 느낀다.
	목표를 달성하더라도 조직에서 그에 따른 보상과 대우를 할 것이라는 믿음이 없다.
	목표 달성에 따라 지급되는 보상과 대우 수준이 낮아 가치를 느끼지 못한다.

첫째, 자기 효능 이론 측면에서 역량에 대한 낮은 자신감, 난이도가 높은 상황에 대한 부담감, 업무에 대한 심리적 거리감, 지지와 격려의 부족 등이 원인이 되어 자발적 노력을 가로막는다는 것을 유추해볼 수 있습니다.

둘째, 자기 결정 이론 측면에서는 타의에 의한 과업 진행, 결정 권한의 부족, 일의 의미 부재, 특성이나 적성과의 불일치 등이 원인이 되어 자발적 노력이 이루어지지 못하게 됩니다.

셋째, 공정성 이론 측면에서는 나의 노력 대비 돌아오는 대우나 보상이 적다고 느끼고 있거나, 업무 주요 과정에 본인의 의사가 충분히 반영되지 않고, 자신에 대한 기본적 배려와 존중이 부족할 때 자발적 노력이 이루어지지 못하게 된다는 것을 고려해볼 수 있습니다.

넷째, 기대 이론 측면에서는 목표 자체가 달성할 엄두를 내지 못할 만큼 높거나, 목표 달성에 따른 조직의 대우나 보상에 대한 신뢰가 낮을 때 자발적 노력이 이루어지지 못하게 될 것입니다.

물론 이 내용을 특정 이론에만 부합하는 내용으로 볼 수 없습니다. 하지만 이렇게 내용들을 동기부여 이론에 빗대어봄으로써 구성원이 갖고 있는 동기 저하 상태를 어떤 방향에서 접근해야 할지 실마리를 찾을 수 있기 때문에 유용하게 활용될 수 있다고 생각합니다.

즉 동기가 낮은 구성원이 자기 효능감, 자기 결정 수준, 공정성, 기대 등의 측면 중 어떤 부분으로 인해 동기가 저하되었는지에 대해 확인하는 것이 필요합니다. 그리고 확인된 내용에 따라 접근방식을 전략적으로 가져가야 한다는 의미입니다(이 장은 13장의 내용에 대한 심리적 기저 원인을 현상적으로 가볍게 제시한 내용으로 별도의 핵심 정리는 생략합니다).

15장

동기 저하의 구체적 이슈를
어떻게 확인할 수 있을까?

지금부터 동기 저하의 구체 이슈를 확인하는 방법에 대해 살펴보겠습니다.

방식 1. 체크리스트를 활용한 확인

체크리스트를 통해 동기가 저하되어 있는 구성원이 '자기 효능감', '자기 결정의 정도', '공정성', '기대' 등의 측면에서 어떤 지점에서 어려움을 겪고 있는지 파악해볼 수 있습니다.

[표 8] 구성원 셀프 체크 시트(Self Check Sheet)

요즘 나의 생각/느낌과 일치하는 곳에 O표 해주세요.	
자신의 역량에 대해 자신감이 없다.	
힘들고 어려운 상황에 대해 두려움과 막막함 같은 감정을 느낀다.	
해당 업무에 대해 익숙하지 못하다(충분한 경험이 없음).	
그 일을 성공할 수 있는 역량을 갖췄다는 주변의 지지와 격려가 없다.	
담당하는 일을 자신의 의지와 무관하게 타의에 의해 담당하게 되었다.	
과업에 대해 직접 결정할 권한 수준이 약하거나 없다.	
(골치 아픈 이슈 발생) 이러한 상황이 벌어지게 의사결정을 한 사람이 내가 아니다.	
이 일의 의미를 찾지 못하고 있다.	
자신의 특성, 흥미, 가치관과 업무의 불일치 정도가 크다.	
내가 기울인 노력에 비해 조직의 대우나 보상이 적다고 느낀다.	
나와 비슷하거나 적은 노력을 기울이는 동료에게 더 좋은 대우와 보상을 한다고 느낀다.	
비슷한 수준의 보상과 대우를 받는 동료에 비해 내가 훨씬 더 열심히 일하고 있다고 느낀다.	
내가 만들어낸 결과물에 대한 판단(평가) 잣대가 남들에 비해 과도하고 엄격하다고 느낀다.	
주요한 의사결정 과정에 나의 의견이 반영되지 않는다고 느낀다.	
중요한 결정과 관련된 정보를 제공하고 있지 않다고 느낀다.	
나에 대한 기본적 배려와 존중이 부족하다고 느낀다.	
노력을 기울여도 달성할 수 없다고 느끼는 수준으로 목표가 수립되어 있다.	
주어진 목표를 달성할 수 있는 능력이나 자원 등이 부족하다고 느낀다.	
목표를 달성하더라도 조직에서 그에 따른 보상과 대우를 할 것이라는 믿음이 없다.	
목표 달성에 따라 지급되는 보상과 대우 수준이 낮아 가치를 느끼지 못한다.	

다만, 당사자가 본인의 솔직한 생각을 표시해야 하기 때문에 앞서 언급했던 동기 저하 상태가 극복될 수 있게 도와주기 위함 이라는 '리더의 의도'를 명확하게 소통해야 합니다.

구성원이 관련 내용에 대해 체크한 후, 효능감, 자기 결정권, 공정성, 기대 등의 영역 중 어떤 요소로 인해 동기가 저하되어 있는지 확인하는 방식으로 접근해보면 됩니다.

만약, 당사자에게 직접적으로 요청하는 것이 불편할 경우, 리더께서 직접 관찰했거나 동료들로부터 직·간접적으로 들은 내용을 바탕으로 가늠해보는 것도 좋은 방법이니 상황에 맞게 활용해볼 수 있습니다.

방식 2. 기대 이론 기반으로 이론의 통합적 활용을 통한 확인

기대 이론을 중심에 두고 몇 가지 동기부여 이론을 통합적으로 활용하며 동기 저하의 구체 영역을 확인하는 것입니다. 이 접근은 특정 이론의 잣대와 관점만으로 동기가 저하된 구체 이슈를 정의하는 데 한계가 있다는 점을 고려한 방식입니다.

'개인의 노력 - 목표의 달성 - 목표 달성에 따른 조직의 보상 - 조직 보상에 대한 만족감'이라는 4단계를 중심 축에 둡니다. 그리고 각 단계를 넘어갈 때마다 자기 효능, 자기 결정, 공정성(분배 정의, 절차 정의, 상호 작용 정의) 등의 측면에서 동기를 저하할 수 있는 영역을 통합적으로 고려하며 구체적인 이슈를 확인할 수 있습니다.

[그림 31] 동기 저하 이슈의 통합적 확인

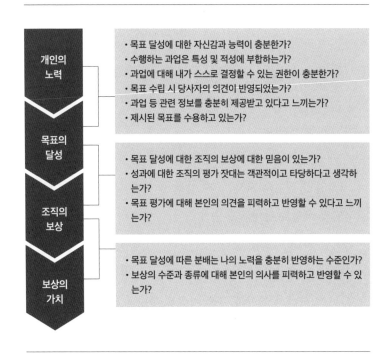

이 같이 기대 이론의 4가지 축을 중심에 두고 이슈를 파악하는 과정을 거치게 되면 '노력-목표-보상-보상의 가치' 중 어떤 단계에서 동기 저하가 발생하고 있는지 좀 더 명확하게 파악할 수 있습니다. 그리고 그 단계 내에서도 어떤 이슈가 Critical Point(임계점)인지 확인하고 발견할 수 있습니다.

예를 들어 (대부분의 동기 저하자가 겪는 1단계인) '노력과 노력을 통한 목표 달성'의 단계에서 ① 수행하는 과업이 자신의 특성 및 적성과 부합하지 않고, ② 과업에 대해 스스로 결정할 수 있는 권한이 충분하지 않다는 것으로 파악이 되었다고 가정해봅시다.

이러한 경우 기대 이론 측면에서 신중한 목표의 설정 및 제시, 목표 달성을 위한 능력 개발 및 자원의 제공, 과업 수행의 방식이나 의사결정 권한의 위임 등과 같은 동기부여 활동을 병행하여 구성원의 저성과 상태 극복을 촉진할 수 있습니다.

이처럼 기대 이론을 중심에 두고 각 단계별로 주요 동기부여 이론이 갖는 관점과 내용들을 통합적으로 적용하면 보다 효과적으로 동기 저하의 영역과 구체 이슈를 찾아내고 발견하여 그 특성에 맞게 전략적으로 접근할 수 있습니다.

저성과자로 고민하는 팀장에게

핵심 요약

1. 개인 동기 저하의 심리적 기저 원인을 자기 효능, 자기 결정, 공정성, 기대 등의 동기부여 이론 측면에서 고려해볼 수 있습니다.

2. 동기 저하의 영역과 구체 이슈를 '동기부여가 되지 않는 원인 체크리스트', '기대 이론을 기반으로 한 이론의 통합적 활용' 등의 방식을 통해 동기 저하의 이슈를 보다 효과적으로 발견하고 대응할 수 있습니다.

   ① 동기부여가 되지 않는 원인 체크리스트를 활용하여 구성원이 효능감, 자기 결정권, 공정성, 기대 등의 영역 중 어떤 요소로 인해 동기가 저하되어 있는지 확인할 수 있습니다. 이를 통해 동기부여 활동의 방향성을 수립할 수 있습니다.

   ② 개인의 노력 - 목표의 달성 - 조직의 보상 - 보상의 가치 등 기대 이론을 중심에 두고 각 단계별로 동기 저하를 유발할 수 있는 이슈를 확인할 수 있습니다. 그리고 문제가 확인된 영역 중심으로 앞서 살펴본 능력 편의 환경과 시스템적 조치를 병행하며 동기 저하 이슈 극복을 촉진할 수 있습니다.

16장

동기부여를 위한 실전 면담

지금까지 동기부여의 개념 이해를 바탕으로 동기 저하를 만들어내는 원인을 주요 동기부여 이론으로 살펴보았습니다.

리더가 동기부여를 위해 면담을 진행할 때 면담을 진행하는 단계는 크게 '공감대 형성 – 인식 Gap(차이) 축소 – 객관화 및 성장 Planning(계획)'의 3단계로 구성됩니다.

각 단계별 목표와 리더가 면담 과정에서 수행해야 하는 구체 활동을 살펴보겠습니다.

단계 1. 상황에 대한 공감대 형성

이 단계는 피면담자(저성과 상태의 구성원)가 본인을 둘러싼 상황 전반에 대해 이해하고 수긍할 수 있도록 공감대를 형성하는 것이 목적입니다. 특히, 당사자가 담당하고 있는 과업에 대해 조직이 요구하고 강조하는 사항이 무엇인지를 명확하게 인지시키고, 저성과 상태 구성원의 기여 수준을 확인할 수 있게 해야 하는데요. 이 단계가 성공적으로 이루기 위해서 리더는 면담 전과 면담 과정으로 나누어 면담을 준비하고 진행해야 합니다.

성공적인 면담을 잘 관찰해보면 면담 전에 소통을 통해 얻고자 하는 목표와 그 목표를 달성하기 위해 소통의 각 단계로 언급되어야 할 객관적 내용과 시나리오 등이 준비되어 있다는 점을 알 수 있습니다.

처음 면담을 진행할 때 면담의 목표는 구성원과 동기 저하 상태에 대한 공감대를 형성하는 것이 되어야 합니다. 조금 극단적으로 말씀드리면 첫 면담을 진행하면서 공감대가 형성되지 않았다고 판단되면 더 이상 진도를 나가지 말고 추후 두 번, 세 번의 추가적인 면담을 진행하며 동기 저하 상태에 대해 이야기를 나누는 것에 대해 구성원과 공감대를 형성해야 합니다.

당사자와 공감대가 충분히 형성되었다고 판단한 후 다음 단계를 진행하는 것을 추천합니다.

이렇게 공감대 형성을 강조하는 이유는 (앞에서도 여러 번에 걸쳐 말씀드렸지만) 구성원 개인의 자발적 노력이 전제될 때 동기는 작동될 수 있기 때문입니다. 당사자가 공감하지 못한 상태에서는 아무리 좋은 의도를 갖고 구체적인 이야기를 하더라도 긍정적인 결과를 기대하기 어렵습니다.

면담 과정에서 공감대를 형성할 수 있는 조건은 무엇일까요?

면담 과정에서 공감대를 형성할 수 있는 조건으로 공감적 이해empathic understanding, 무조건적인 긍정unconditional positive regard, 진정성congruence 등이 필요하다는 연구 결과가 있는데요.

첫째, 공감적 이해

리더가 구성원과의 면담에서 쉽게 활용할 수 있는 행동 지침은 '관심을 갖는다', '인정한다', '위로한다', '고마워한다' 등으로 생각해볼 수 있습니다. 구성원의 근황과 관련해 최대한 많은 정보를 파악하여 리더가 관심을 갖고 있었다는 것을 상대방이 느낄 수 있게 하거나, 해당 구성원의 근황에 대해 이야기를 시작하며 자신의 경험을 곁들여 논의하는 데서 출발합니다.

그리고 구성원이 그간 조직에 기여한 점과 노력한 사항에 대해 인정하고, 그 과정에서 미비했거나 아쉬운 점은 충분히 위로하며 고마움을 전하는 소통을 진행해야 합니다. 이러한 과정을 통해 라포가 충분히 형성되었다면, 진정성을 갖고 본격적인 면담 주제를 꺼내야 합니다.

둘째, 구성원에 대한 진정성 있는 걱정

동기 저하를 겪을 만한 구성원 입장에서의 상황에 대해 공감하되, 현재의 동기 저하 상태가 구성원 개인에게 미칠 수 있는 여러 부정적 영향을 사회의 선배로서 담담하고 진정성 있게 말해줄 수 있어야 합니다. 동기 저하 상태로 인해 팀 성과나 조직 분위기가 나빠진다는 등의 조직/리더의 입장이 아닌, 해당 구성원이 지속된 동기 저하 상태로 인해 처하게 될 어려움이나 부정적 이슈에 대해 진정성을 갖고 걱정하는 소통이 이루어져야 합니다.

이 두 가지 활동을 충실히 수행했다면 구성원과 주제에 대한 공감대는 어느 정도 형성이 될 확률이 높습니다.

단계 2. 인식의 Gap(차이) 축소

이제는 동기 저하 상태에 대해 리더와 구성원, 각자가 갖고 있는 인식의 Gap(차이)을 줄이는 과정을 진행해야 합니다.

이 단계에서 리더가 면담 과정에서 특히 주의해야 하는 사항은 구성원의 말이 리더의 말보다 훨씬 더 큰 비중을 차지할 수 있게 노력해야 하는 점입니다. 리더가 충분히 관련 사항을 파악하고 있다는 자신감에 빠져 리더 자신의 이야기가 논의 시간의 대부분을 점유하게 되면 이 면담은 실패로 돌아가게 될 확률이 높습니다. 꼭 정확한 비중은 없으나 구성원의 말 70%, 리더의 말 30% 내외를 하나의 참고 수치로 제시했으므로 가볍게 참고를 부탁드리겠습니다.

소통할 때 개인의 주관적 해석이 언급될 경우 반드시 그 해석(주관적 느낌이나 생각)을 낳게 만든 객관적 사실을 확인해야 합니다. 예를 들어 자신에게 일하는 방식을 선택할 권한이 없다고 느낀다는 이야기를 구성원이 하는 경우를 가정해봅시다. 그런 생각을 언제, 어떤 업무 상황에서 느꼈는지를 구체적으로 확인해야 합니다. 구체적이고 객관적 사실 확인을 통해 구성원이 과대 해석하거나 불필요한 의미를 부여하고 있는 점은 리더가 즉각적으로 설명하며 왜곡된 인식을 조정해줘야 합니다. 특히, 이때 리더는 자신의 의도, 구성원이 인식하지 못했을 다른 맥락의 상황 등을 충분히 알려주며 구성원이 리더의 해명(?)에 대해 신뢰를 가질 수 있게 노력해야 합니다.

팀 내 기획 업무를 담당하던 파트장과 면담할 때의 일이었습니다.

파트장은 팀 내 여러 업무의 효율적 배분과 협업을 촉진하기 위해 팀 내 행정 업무를 전체적으로 조정하는 것이 좋겠다고 판단했습니다. 이에 팀장이 지시하지 않았으나 이틀 동안 늦은 시간까지 고민하며 팀 행정 업무 분장(안)을 만들었습니다.

다음 날 팀장이 출근하자마자 자신이 팀 내 업무 배분 효율성 강화와 협업 촉진을 위해 업무 분장(안)을 만들었다고 보고했습니다.

팀장은 고맙다는 인사를 남겼지만 그 분장(안)에 대해 특별한 언급이 없었습니다. 파트장은 괜히 자신이 오지랖을 부린 것만 같아 마음이 불편했습니다.

한 달 후, 요즘 부쩍 의욕이 떨어져 있는 파트장을 보고 팀장은 면담을 진행했습니다. 대화 중 파트장은 자신이 주도적으로 업무를 수행하는 것에 대해 자신감이 떨어져 있었고, 어디까지 자신의 일로 여겨야 할지 모호하게 느낀다고 얘기했습니다.

팀장은 어떤 부분에서 그런 감정을 가장 크게 느꼈는지, 구체적인 이벤트가 있다면 무엇이었는지에 대해 물었습니다. 망설이던 파트장은 한 달 전 팀 행정 업무 분장(안) 시 그런 감정을 느꼈고 그 후에는 그 감정이 더욱 커졌다고 털어놓았습니다.

팀장은 파트장에게 진심 어린 위로와 사과, 감사의 마음을 전한 후 말할 수 없는 다른 배경이 있었다며 그렇게 할 수밖에 없었던 배경을 말해주었습니다.

팀원 중 한 명이 다른 조직으로 이동할 수 있는 상황이어서 새로운 업무 분장(안)을 그때 바로 적용하기에 곤란했다는 내용이었습니다. 이동이 확정된 것도 아니었고, 이동할지 말지 고민하고 있는 단계였다는 것인데요. 만약 파트장이 수립한 새로운 업무 분장을 팀에 적용했다가 이동하게 되면 다시 업무 분장 안을 마련해야 하는 비효율이 생기는 상황이었습니다.

그래서 특정 구성원의 이동이 확정된 후 그 안을 보며 다시 보완하려고 했다는 것이었습니다. 미리 이 부분을 말해주지 못했던 것은 미안하나 개인의 인사 이동과 관련한 일이라 쉽게 언급할 수 없었다며 파트장을 위로해주었습니다.

그 이야기를 들은 파트장은 자신이 오해했다며 팀장에게 사과하고 보다 주도적으로 업무를 수행하는 것으로 면담이 마무리되었습니다.

단계 3. 객관화 및 성장 Planning(계획)

마지막 3단계는 저성과 상태의 구성원이 본인의 상태나 과업의 성과 수준에 대해 자기 객관화를 하고, 한 단계 높은 성과와 성장을 위해 어떤 노력을 기울여야 할 것인지에 대해 이해하고 실천하는 단계입니다.

리더는 면담 전에 당사자에게 커리어 성장 측면에서 필요한 피드백이나 지원이 필요한 사항을 정리해서 이 단계를 진행해야 합니다(이 단계에서의 구체 내용은 앞서 정의한 동기 저하의 구체적 문제에 기반하여 정리되는 경향이 강합니다).

다음은 구성원과 면담할 때 리더가 활용할 수 있는 면담 시트입니다(표 9). 리더가 기대하는 또는 구성원이 희망하는 성장 모습의 방향성을 작성한 후 그 모습을 달성하기 위해 필요한 조건을 도출합니다. 그리고 조건별로 현재 리더 입장에서 인식하는 수준을 근거와 함께 기입합니다. 면담 과정에서 구성원은 그 사항에 대해 어떻게 인식하는지 근거 중심으로 의견을 교환하며 객관화를 추구하는 것이죠.

그 수준에 대해 어느 정도 합의가 이루어지면 시도해볼 노력과 그 활동이 성공적으로 이루어졌다는 것을 판단할 수 있는 기준^{MoS}, 점검 주기 등을 합의합니다. 그리고 리더가 이 일련의 활동이 원활하게 이루어질 수 있도록 지원할 수 있는 사항들을 함께 논의하는 형태로 이 시트를 활용할 수 있습니다.

면담을 할 때 팁을 말씀드리면, 저성과 상태의 구성원은 긍정이나 부정 Point(지점)를 명확하게 인식할 수 있도록 구체적 내용과 근거 중심으로 소통하는 것이 필요합니다. 그리고 리더의 판단 내용에 대해 당사자가 본인의 생각과 의견을 충분히 이야기할 수 있도록 분위기 등의 환경을 조성해야 합니다.

또한, 서로 합의한 내용에 대해서는 그 중간 결과를 점검하는 절차에 대해 합의하고, 유의미한 진전이 있는 상황에 대해서는 칭찬과 지지를 보내주어야 한다는 점을 유념해야 합니다.

저성과자로 고민하는 팀장에게

[표 9] 구성원과 면담할 때 리더가 활용할 수 있는 면담 시트

기대하는/희망하는 성장의 모습		
성장의 모습을 달성하기 위해 필요한 조건	· · · · ·	
현재의 수준	팀장의 인식(w/근거) · · · ·	구성원의 인식(w/근거) · · · ·
시도해볼 노력	Action plan · · · ·	MoS 및 중간 점검(Date) · · · ·
리더의 지원 사항	· · · · ·	

팀원에게 희망을 주는
등대 같은 리더에게

조직 차원에서 저성과자로 분류하여 PIP^{Performance Improvement} ^{Program}를 가동할 때 그 시선이 곱지만은 않습니다. 그것은 아마도 그동안 PIP가 구성원들의 성과 향상에 목적을 두기보다는 저성과자 해고 시 법적으로 문제가 되지 않게 하는 데 초점을 두는 식의 접근이 그만큼 많았기 때문일 것입니다.

PIP 진행 시 일관성, 공정성, 객관성을 확보하고, 퇴출 목적이 아닌 업무 능력 향상 목적의 프로그램이라고 언급합니다. 하지만 많은 PIP 프로그램은 인원을 퇴출하는 쪽에 더 많은 비중을 두고 진행하는 것이죠.

안타까운 관행이기는 하지만, 또 다른 한편으로 기업의 입장도 이해가 됩니다.

저성과자가 HR 등의 조직으로 넘어오고 나서 필요한 능력을 개발한다는 것은 실무적으로 효과성이 떨어지기도 하고, 막대한 자원도 소요됩니다(구성원 개인마다 저성과의 원인이 다르고, 직무도 다르고, 요구 수준도 다릅니다. 이런 상황에 처해 있는 저성과자를 대상으로 PIP를 기획하며 성과 향상을 추구한다는 것이 현실적으로 얼마나 효과적일까요?).

이런 상황이 반복되다 보니 한국에서는 저성과자라는 단어가 이제는 더 이상 개선의 여지가 없는 잉여 인력, 퇴출 필요 인원 등의 개념으로 인식된 것이라고 생각합니다.

저는 이 문제의 본질은 결국 현업의 조직장들이 자신이 맡고 있는 저성과 상태 구성원에 대해서 정교하게 진단하고 효과적인 솔루션을 제안할 수 있는 가이드가 없었기 때문에 발생하는 문제라고 생각했습니다. 아마 여기까지 본 도서를 차근차근 읽어 본 분들이라면 저성과자는 퇴출해야 할 인원으로 단정할 수 없다는 것을 동의할 것이라고 생각합니다.

제 강의를 들으신 한 리더분이 말씀해주셨던 이야기가 기억에 남는데요.

"가만히 내용들을 곱씹어 보니 이건 저성과자에게도 필요한데, 일상의 조직 운영 과정에서 평범한 구성원들에게 적용하면 팀 전체 성과가 더 잘나겠는데요?"

다루고 있는 내용의 본질을 정확하게 이해하신 리더분이라 제 뇌리에 깊게 남아 있습니다.

맞습니다. 사실 이 내용은 저성과자뿐만 아니라 일상 조직 운영 과정에서도 바로 적용하고 활용할 수 있는 내용입니다. 이 점을 고려해보면 저성과자는 개선의 여지가 없고 퇴출해야 할 사람들이 아닙니다. 리더가 조금만 더 애정과 관심을 갖고 정교한 노력을 기울인다면 변화의 계기를 마련하여 충분히 성장할 수 있는 구성원입니다.

사실 이 글을 읽고 계신 리더인 당신도 운 좋게 본인의 능력을 잘 발휘할 수 있는 자원을 제공받았을지도 모릅니다. 운 좋게 능력을 발휘하는 데 필요한 교육, 훈련을 받았을지도 모릅니다. 운 좋게 적성과 특성에 맞는 업무를 배정받았을지도 모릅니다. 운 좋게 직무 전환을 하여 새로운 성공 스토리를 만들었을지도 모릅니다.

사람은 누구나 무한한 잠재력을 갖고 있고, 작은 변화의 계기만 마련되어도 긍정적인 방향으로 변화하고 성장할 수 있다는 점을 다시 한번 강조하고 싶습니다.

이 책이 함께 일하는 구성원들에게 깊은 애정과 관심이 있음에도 불구하고, 그들의 잠재력이 좀 더 잘 발휘될 수 있게 하는 구체적 방식을 몰라 아쉬움을 삼키고 있었을 이 시대의 마음 따뜻한 리더들에게 작은 도움이 되었으면 하는 바람입니다.

한계가 느껴질 때, 한 번 더!

한계선

버티고 버텨야만 할 때가 있다.

버티고 버틸 수 있게 도와줘야 할 때가 있다.

대단한 무엇인가 있을 것 같지만,

사실은 그것을 버틴다고 해서 뭐가 있지 않다.

사실은 아무것도 없다.

하지만 반드시 버티고 버텨야만 할 때가 있다.

끈질기게 버텨내고 또 버텨야 한다.

지금 이 순간이 나와 그들에게는 한계선 같은 것이기 때문이다.

남들 눈에는 보이지 않겠지만, 내 눈에는 선명하게 보인다.

만약 이 한계선에서 마저 무너져 버리면

더 이상 추락할 곳도 없는 지경까지 이르게 될 것이다.

끈질기게 악착같이 버티고 버텨내는 내가 한계선이다.

내가 나의 그리고 그들의 한계선이다.

P.S. 당신의 한계선을 간절히 붙잡고 버티고 있을

　　 당신의 팀원들을 생각하며…

저성과자로 고민하는 팀장에게

초판 1쇄 인쇄 2024년 6월 14일
초판 1쇄 발행 2024년 6월 26일

지은이 김성락
기획 이유림
편집 정은아
마케팅 총괄 임동건
마케팅 안보라
경영지원 임정혁 이순미

펴낸이 최익성
펴낸곳 플랜비디자인

디자인 박은진

출판등록 제2016-000001호
주소 경기도 화성시 동탄첨단산업1로 27 동탄IX타워 A동 3210호

전화 031-8050-0508
팩스 02-2179-8994
이메일 planbdesigncompany@gmail.com

ISBN 979-11-6832-104-5 (03320)

• 이 책은 저작권법에 따라 보호받는 저작물이므로 무단 전재와 무단 복제를 금지하며, 이 책의 내용을 전부 또는 일부를 이용하려면 반드시 저작권자와 플랜비디자인의 서면 동의를 받아야 합니다.
• 잘못된 책은 구매처에 요청하면 교환해 드립니다.